AF617680

ODISEO ES ULISES

PEQUEÑA GUÍA PARA LA MEMORIA

ODISEO ES ULISES

PEQUEÑA GUÍA PARA LA MEMORIA

Francisco Acuñas Espejo

Primera edición: 2025

Letrame Editorial.
www.Letrame.com
info@Letrame.com

Diseño de edición: Letrame Editorial.
Maquetación: Juan Muñoz
Diseño de cubierta: Rubén García
Supervisión de corrección: Celia Jiménez

ISBN: 978-84-1089-573-7

DEPÓSITO LEGAL: AL 4296-2024

IMPRESO EN ESPAÑA – UNIÓN EUROPEA

Nadie sino tú.
Nadie puede salvarte sino tú mismo.
Te verás una y otra vez en situaciones casi imposibles.
Intentarán una y otra vez, por medio de subterfugios, engaños
o por la fuerza, que renuncies, que te des por vencido y que
mueras lentamente por dentro; pero no desfallezcas: limítate
a mirarlos, escúchalos, ¿quieres ser así?, ¿un ser sin cara?,
¿sin mente, sin corazón?
Nadie puede salvarte sino tú mismo.

Charles Bukowski

TESTIMONI DE QUARANTA ANYS DE DEMOCRÀCIA

Les persones de la meva generació som uns privilegiats espectadors d'un procés de metamorfosi social únic a la història, una negra història d'Espanya que ara pareix que es torna compareixa de la mà de reminiscències d'un poder imperial del passat, protegit per l'oligarquia econòmica.

Fa quaranta anys, escoltàvem l'únic músic valent capaç de cantar en català, en Joan Manuel Serrat, i l'únic músic d'aquell temps que musicava poemes d'en Machado, d'en Hernández, etc. Però, sobretot, escoltàvem una cançó d'en Serrat que es deia «Paraules d'amor».

Els joves compromesos amb la política érem molt pocs, però tremendament polititzats: lluitàrem contra tothom (primer contra les nostres pròpies famílies), uns des de l'esquerra nacionalista, altres, com jo, des de l'esquerra internacionalista. Però abans lluitàrem contra nosaltres mateixos, perquè ens costava molt trobar informació abans de la llei de llibertat de premsa del 1977. *Ajoblanco*, *Blanco y Negro*, *El Socialista* i, sobretot, el bocaorella eren les fonts d'informació per l'acció política. Estàvem molt poc preparats, però tremendament decidits. Anàvem a escoltar alguns músics rodejats de la Guàrdia Civil, com el valencià Raimon, que venia sovint a Mallorca i musicava poemes d'en Ausiàs March, com «Veles i vents», entre d'altres.

Reforma o ruptura era la discussió. La guerra civil, amb els afectats directes vius, era un impediment per la ruptura, i el poder absolut a les corts dels feixistes de la Falange, dels militars franquistes, els carlins i l'Església (tot i que una part va ajudar una mica) eren l'altre impediment per fer una ruptura amb el franquisme. Finalment, en mig d'un ambient violent per part dels GRAPO i d'ETA, per un costat, i de respostes feixistes, com l'atac als missers d'Atocha, que pareixia un ambient paregut al de preguerra civil, per això pens que es va optar per la reforma des de dintre del règim del Moviment Nacional.

L'Estat espanyol, integrat per diferents pobles i cultures, es va dotar de mecanismes democràtics imperfectes, sí, però tremendament efectius per la transformació social que després es produí i que ara es pareix posar en qüestió, però les dades són demolidores. No, la defensa d'aquella constitució no és una posició reaccionària; no ho és perquè en cap moment hem deixat de creixa amb més i més eines de millora de la igualtat social, reconeixement identitari dels territoris o de gènere. Encara ara, des de dintre d'aquest marc polític es pot avançar molt. No, no estan esgotades les possibilitats polítiques de canvis: tot és possible des de dintre i pràcticament res és possible des de fora.

El qüestionament de la monarquia és una altra cosa injusta des del moment en què l'Estat democràtic necessita un cap d'Estat amb capacitat d'unir els pobles que el componen a un sols projecte, que els representi internacionalment. És el cap de l'exèrcit i presideix sense cap competència al poder judicial que refreni les lleis, que és fonamental, i que faci la funció de moderació política independent.

Es pot dir que és una institució poc estètica o extemporània, si ho és, però allò realment important és que funcioni; i, mentre es mantingui neutral, políticament és una eina impagable. És barata, no és de cap partit polític i, per tant, és independent per moderar, no pot governar i està subjecta al control democràtic del Parlament. ¿Es pot ser republicà i acceptar la monarquia? Mentre sia útil, sí. El contrari seria ser un irresponsable que es deixa dur pels tabús.

Per què és important la unitat de l'Estat espanyol? Per una simple qüestió de justícia social dels diferents territoris d'aquesta realitat social que és Espanya. Ningú pot declarar-se d'esquerres o simplement una persona social si no vol redistribuir la riquesa entre els ciutadans i entre els territoris. El primer principi d'un Estat social i de dret és el repartiment progressiu dels impostos.

Antisocial és tot aquell que es tanca en si mateix com individu o dintre d'una idea territorial que amb un PIB més alt que la mitja, no vol col·laborar amb la resta de ciutadans o territoris. Les idees patriòtiques dintre d'un món globalitzat són una altra forma de reacció antisocial. Això es demostra fàcilment mirant la resta de polítiques reaccionàries que es practiquen a Europa per part dels partidaris del Brexit o dels moviments independentistes del nord d'Itàlia, transmigratoris de la mateixa Europa o dels EUA.

DE LA VIDA COTIDIANA A LA GUERRA CIVIL

Recuperar la memoria histórica también es imaginarse y acercarse a la vida cotidiana de esos pueblos eminentemente agrarios. Acercarse a los elementos y a las esperanzas de una vida mejor, depositados en dos leyes, entre otras, claramente necesarias para las gentes que vivían en ellos. La ley de educación laica era la oportunidad para millones de niños y jóvenes que no tenían acceso a una educación impartida y controlada por la Iglesia. El analfabetismo en esos tiempos era abrumador y rondaba entre el 60 y el 70 por ciento de los ciudadanos. Por tanto, la enseñanza laica no iba contra la Iglesia, como se ha dicho muchas veces, sino que era un intento básico para elevar los porcentajes de educación. De hecho, ejercían de maestros o maestras aquellas personas que sabían leer y escribir y poco más.

La segunda ley imprescindible tenía que ver con la disminución del hambre en España. Una España agrícola, sin industria, con enormes latifundios en manos de terratenientes, de monocultivos. Su analfabetismo puso en guardia a la clase dominante y a los guardianes de la patria impuesta.

En mi opinión, el inicio de la ruptura entre las clases obreras y las élites e instituciones políticas fue la desesperación del pueblo llano ante esa mano de hierro que eliminó el futuro de millones de personas. También es claro que la información sobre el triunfo de la Revolución soviética hizo pensar en la posibilidad de intervenir. Por tanto, concluyo en que no estuvieron muy atinados los políticos dominantes al anular esas dos leyes fundamentales, para evitar el contagio de la radicalidad.

El intento de tomarse la justicia por su mano fue un grave error, sin duda; lo cual no quita, a mi modo de ver, que la irresponsabilidad recaiga enteramente en el Gobierno unitario de la CEDA; la revolución de Asturias estaba servida y la puesta en marcha de otras revoluciones locales en Cataluña y otras zonas fue inevitable.

Se basaban, claramente, en la explotación de mano de obra barata, cobrando salarios de miseria. Por tanto, la República democrática de España, elegida por el pueblo español y representada en las Cortes Generales, hizo un intento de modernización lógico.

El hambre en los pueblos hizo albergar, sin duda, ilusiones y esperanzas por la ley de reforma agraria como medio de subsistencia y, cómo no, por la ley de educación estatal.

Cuando la CEDA decide anular estas dos leyes fundamentales, se produce el brote del odio revolucionario que recorrió toda España por la frustración colectiva que supuso la ruptura de la esperanza de tener un futuro mejor.

Como todo el mundo sabe, es en ese contexto de desilusión de las clases trabajadoras cuando se producen en todo el país graves disturbios y escenas revolucionarias, tanto en las iglesias como en las propiedades de los más privilegiados propietarios de tierras. El odio y el resentimiento por la anulación de la CEDA de esas dos leyes fundamentales para salir de la miseria.

VICENTA

Este pequeño trabajo está dedicado a la memoria de Vicenta, la valiente maestra de ojos negros y frondosa mata de pelo color azabache, cuyo nombre se merece la admiración y el respeto de las gentes de Fuente de Piedra y el orgullo de sus nietos y de toda su familia.

Los nombres, todos los nombres, recordad todos los nombres. Los nombres recordados nunca mueren.

POEMAS DEL ALMA

¿No te estremece el muerto solitario?
En esta soledad, no está, no existe nadie.
No existe nadie en los cementerios.
¡Qué solas se quedan las tumbas!

PRÓLOGO (17/11/2009)

Posiblemente, lo más parecido a una novela es la vida de la familia de cada uno de nosotros, que cimienta la estructura de nuestro carácter para trasladarse al ADN personal de cada cual.

La realidad cotidiana supera a la literaria, por muy imaginativa que esta sea, porque son hechos que nos pueden haber pasado a cualquiera de nosotros; son ligeros toques de cordura que nos resultan cercanos porque, de un modo u otro, los hemos experimentado antes.

Para acercarnos correctamente a la historia familiar, creo que es necesario superar la tendencia a creer que, en el pasado, las personas eran más primarias. Esto queda desmentido porque la búsqueda de la belleza es algo consustancial al ser humano, por lo menos, desde que existen textos escritos (algunos tan buenos como los de Homero y su *Odisea*) que intentan acercarse a la fuerza emocional de los hechos reales.

También es necesario, para entender una sociedad de otro tiempo, superar el prejuicio de pensar que son más primarios los países menos desarrollados porque tienen unas formas de organizar el Estado diferente a nuestra democracia liberal.

Aunque queda claro que en el mundo occidental hay enormes avances, en el ámbito de las relaciones humanas y en el del culto a la belleza (entendida como la ética de la existencia) no hay tanta diferencia y lo pienso porque, en la sociedad surgida de la segunda guerra mundial, han ocurrido algunas cosas de las que no podemos estar de acuerdo; porque ¿cómo estar de acuerdo en que se lance un arma nuclear sobre la población civil eliminando a 300 000 personas?, ¿o cómo explicar que, para evitar el avance del comunismo, se mantuvieran unas guerras con 6 500 000 víctimas?, ¿cómo justificar las intervenciones armadas en Sudamérica?, ¿qué poderosas razones están detrás de las actuales guerras de Irak, Afganistán y del acoso a Irán si no son las meramente económicas? La única respuesta posible es que Occidente no es moralmente mejor al resto de civilizaciones, simplemente es más fuerte.

Un profesor de Teoría Política me explicó que todos tenemos la posibilidad de introducirnos en el túnel del tiempo, tan solo se trata de coger un avión y desplazarse a cualquiera de los países subdesarrollados y nos encontraremos con nuestro propio pasado. También me enseñó que lo que llamamos «democracia liberal» nada tiene que ver con la participación directa del pueblo en las decisiones de sus gobernantes: se trata de una mera cesión de la soberanía del pueblo a través del voto.

Desde este planteamiento, el de que no hay bandos buenos y malos ni Estados primarios o superiores, es desde el que pretendo enfrentarme a una historia cercana, la de nuestros antepasados, para hacer una aproximación a la verdad. Este pequeño trabajo es un breve intento de liquidar una parte de la deuda que tengo con mi familia.

JUAN RAMÓN, 1930

Juan Ramón se dirige a la estación, una vez más, con destino a esa gran ciudad que es Sevilla. Vivía en un bonito pueblo de Andalucía, rodeado de olivares, encinas y de extensos cortijos, en donde se reunían los jornaleros, campesinos sin tierra, que vivían el día a día a expensas de que el terrateniente o el cacique de turno les diera algún trabajo para hacer el jornal, tan necesario para dar de comer a su familia. Sin embargo y a pesar de estar rodeado de mujeres y hombres cuyo principal objetivo era lograr el sustento diario, es un tipo que se interesa por la alta política y que estaba al corriente de lo que ocurría en aquella sociedad intolerante de entreguerras que significó el aumento de los regímenes totalitarios en todo el mundo y la disminución de las débiles democracias. Sabía, por la prensa, que las convulsiones no solo eran cosa de este país, sino que afectaban al modelo de vida de toda Europa, e intuía que excepcionales acontecimientos históricos se iban a producir.

Era un hombre relativamente tranquilo, pero últimamente estaba inquieto por los problemas económicos familiares; se devoraba la mente pensando en la venta de sus últimas casas y se sentía acuciado por la necesidad de liquidar unas deudas acumuladas por algunos negocios fallidos y por su adicción más o menos inconfesable al juego. Mientras se acerca el tren de carbón, inundando la pequeña estación de un espeso humo negro, miró el reloj de cadena sacándolo del pequeño bolsillo del chaleco de su traje oscuro. Levantó la tapa de plata labrada, para murmurar:

—Mmm... Como siempre, llega tarde.

Juan Ramón era espléndido con todo el mundo, le gustaba quedar bien. Le seguían los niños andrajosos por la calle sin asfaltar y les solía dar unas monedas. También le pedían trabajo los mayores, vestidos con polvorientas camisas blancas arremangadas hasta el codo, con un chaleco raído y con la típica gorra de los peones.

—Mira si tienes algo para mí, Juan.

Hasta hacía poco tiempo, empleaba a todo el que podía, pero últimamente la respuesta era siempre la misma:

—Lo siento, hijo, pero ahora no tengo trabajo.

Sí, Juan Ramón era querido en el pueblo, pero, al mismo tiempo, era criticado por su vida un tanto libertina y por sus largas huidas a Sevilla. Era, como no podía ser de otra manera, un hombre liberal de condición y liberal de pensamiento. Se esforzaba, cómo no, en que su familia tuviera una buena educación y creía que todos debían tenerla; por eso estaba satisfecho de que su hijo Juan, el mayor, se hubiera casado con la maestra de pueblo, una mujer de típico aspecto andaluz, piel curtida por el sol y una gran mata de pelo negro casi siempre recogido por detrás de la cabeza.

Juan Ramón sube al tren y se sienta frente a Rafael en el duro asiento de madera. Mientras mira a través del grueso cristal, le dice:

—¿Qué…, cómo está tu mujer, Rafa?

Rafael, bajando la mirada y con los ojos vidriosos por debajo de la visera de la gorra, le contesta:

—Creo que no saldrá de esta, esa maldita enfermedad no hay forma de vencerla.

—Vaya por Dios, Rafa. En fin, si necesitas algo, ya sabes dónde estoy, sabes que no me olvido de tu buen hacer durante tantos años como capataz en mi casa.

Rafael levanta la mirada, se quita la gorra que le cubría la blanca cabeza, protegiéndola del sol, y descubriendo una impórtate alopecia, le dice:

—Si acaso me vendría bien, de forma temporal, vivir en el pueblo, en una de sus casas de la calle Ancha, más que nada para sacar a mi mujer del campo.

—Lo siento, hijo, pero no sé si sabes que he tenido que vender todas las casas. Los negocios no van bien y corren malos tiempos. Tan solo me queda la grande de la esquina, que, como sabes, la cedí a mi hijo. Lo siento, Rafael, en esto no puedo ayudarte. —Se metió la mano en el bolsillo y, sacándose una cartera protegida por una gruesa goma, se la quitó con un ágil movimiento—. Pero ten, algo de dinero, y ya me lo devolverás cuando puedas.

Juan Ramón, que era un tipo de mundo y sabía cómo hacer olvidar los malos tragos a los que lo acompañaban, cambió de conversación y, entre el traqueteo del tren y algunas historias de sus correrías de juventud por Sevilla, pronto logró hacerle aparecer una sonrisa al cansado rostro del jornalero.

El trayecto fue agradable, pero tenía un asunto que lo carcomía por dentro y que no podía dejar de olvidar. Sencillamente, no sabía cómo terminar de liquidar sus deudas sin tener que vender la casa grande de la calle Ancha n.º 15, la casa de su hijo Juan. Se trata de una casa espaciosa, con una enorme chimenea al fondo, con una ventana en la fachada principal, cubierta hasta la mitad por rejas de hierro forjado, en donde Vicenta colocaba macetas con flores de vivos colores que resaltaban sobre el blanco de la pared; desde dentro, se accedía a un amplio corral y, a través de este, a la estrecha calle de atrás. La casa era ideal, pues, aparte de recibir el sol de la tarde, estaba muy cerca de la escuela de niñas, en donde la maestra trabajaba, enseñando a leer y a escribir; también aprendían a bordar, costura y otras labores del hogar.

Juan Ramón siempre había sido un hombre de palabra, pero esta vez estaba realmente atrapado, no sabía cómo salir de esta. A los dos días, al volver de Sevilla, por la tarde, al bajarse del tren, se fue de paseo por la laguna y siguió por última vez el rastro de los patos; se adentró por un sendero entre cañaverales y sitió una vez más el profundo silencio del humedal, solo interrumpido por el sonido de las aves.

Sentado en una gran piedra, colocó el bastón con maneta de plata entre sus piernas, apoyando sus manos sobre el mismo, y, con el mentón encima de las manos, pensó que había vivido mucho y bien, pero que todo se acababa: sencillamente, no veía futuro ni para él ni para sus hijos si vendía la casa grande de la esquina, que era lo único que le quedaba.

Dice la familia que Juan Ramón era sordo del lado derecho y que no veía muy bien de ese mismo lado, quizás fue por eso que, en el cruce del camino con la vía del ferrocarril, de vuelta de la laguna, no se apercibió de la llegada del último tren del día, justo en el momento de cruzar. Son los hechos.[1]

---

[1] Testimonio oral de J. A. P.

LA LAGUNA

El pueblo andaluz de casas blancas está situado justo al lado de una enorme laguna de agua salada poco profunda, habitada por una espléndida fauna de aves migratorias que anualmente, cumpliendo con su reloj biológico, van apareciendo, ocupándola en un estallido de sonidos, color y alegría. Patos silvestres, garzas y, sobre todo, miles de elegantes flamencos rosas o cagarzos, que se reproducen y crían a sus polluelos en los humedales de ese privilegiado lugar del corazón de Andalucía. Después, emprenden su largo viaje al Subsáhara africano. La laguna tiene una superficie de 1359 hectáreas, con una longitud en su eje mayor de 6,6 km, una anchura de 3,6 km y una profundidad máxima de 1,5 m.[2]

Para los niños de la época anterior a la guerra civil, la llegada de las aves era la llegada de la primavera y de la fiesta, porque una fiesta era para ellos seguir, por los senderos, los rastros de los esquivos patos colorados, hasta encontrar sus nidos; y, en su inocencia, perseguir a los torpes palmípedos

[2] Crónica de Fuente de Piedra y su laguna salada, Francisco Muñoz Hidalgo y A. Ricardo García Cañero.

por tierra, hasta que estos, en un escorzo vertiginoso, se zambullían en el agua, apareciendo en el lugar más inesperado, más lejano.

Con la llegada del verano, Vicenta, la maestra de los ojos negros y frondosa mata de pelo, solía hacer excursiones a la laguna con sus alumnas. Les identificaba las diferentes especies que anidaban en las zonas fangosas, ricas en alimento, rodeadas de blanca sal. Esta sal de la laguna proviene de la descomposición del suelo, aparece con la evaporación del agua acumulada por las lluvias. En esa época, era una sal de gran aceptación; la explotación durante años de la salinera por parte de una compañía arrendataria propiedad de los marqueses del pueblo pasó a manos de la Sociedad Agrícola Salinera. La explotación de la sal fue una de las razones por las cuales llegó el ferrocarril hasta este pequeño pueblo de Antequera.

Vicenta era una maestra de escuela de niñas en una época en que la escolarización era escasa: las pocas escuelas que existían estaban mayoritariamente controladas por las instituciones religiosas. Se trataba, según algunos testimonios orales, de una mujer adelantada a su tiempo en un mundo fundamentalmente de hombres. Nuestra maestra estaba comprometida con los cambios que en materia de creación de escuelas llevaba adelante el Gobierno republicano, de manera que incluso aceptó ser presidenta local de la sección femenina del Partido Socialista, que era el principal partido gobernante en ese momento; y, aunque no participó en algunas decisiones polémicas del comité revolucionario, accedió a quitar los signos religiosos de las aulas, tal y como ordenaba la nueva ley de enseñanza laica, recogida en la Constitución y desarrollada por las Cortes Generales.

Cuando se acercaba el verano, las excursiones a la laguna eran especialmente agradables; normalmente, el cielo estaba despejado y solía hacer una suave brisa.

Con las sandalias en la mano izquierda y los pies rozando el agua fresca, la maestra y las niñas se paseaban por la orilla sobre el blando fango de la laguna, mientras que la brillante sal iluminaba sus rostros de piel de porcelana. A cada momento, la maestra se detiene y, apuntando con el brazo estirado, les comenta cosas como:

—Mirad, una cigüeñuela de pico largo. Fijaos en cómo remueve suavemente con sus largas patas el lodo para encontrar su alimento. ¡Allí, mirad aquella ave!, ¡es una avoceta solitaria! Y más cerca de la orilla, el elegante patinegro.

Las niñas, al contrario de los niños, que se dedicaban más a perseguir a los abundantes conejos que se encontraban entre matorrales, eran más sensibles a las explicaciones de su profesora; prestaban atención e incluso hacían preguntas sobre el *modus vivendi* de las diferentes especies:

—¿Y qué comen?

—Larvas y pequeños crustáceos enterrados en el lodo.

Al atardecer, con el sol zambulléndose lentamente en el horizonte de la laguna, el rojo domina sobre el inmaculado blanco de la laguna salada. Con la llegada de la oscuridad, los flamencos blancos y rosados, apoyados todos en una sola de sus patas, se tornan rojos y oscuros por efecto de la luz, reflejando en las bajas aguas las sombras de su estilizada figura en una emocionante armonía de color, naturaleza y vida.

Lo que es hoy día una espléndida reserva natural de importantísimo valor ecológico, fue, sin duda, en aquellos años, una valiosa escuela para aquellos niños y niñas que sentían la laguna como propia, como parte integral del pueblo y de sus vidas.

JULIO DE 1936

Con la puesta de sol, y como si de un ritual se tratara, en los exteriores del bar de la esquina de la calle Ancha, los hombres se reúnen antes de llegar a casa después de la dura jornada de trabajo en el campo: unos, con la azada apoyada sobre un hombro; otros, fumando un cigarrillo, escupiendo de tanto en tanto los restos del tabaco; otros, tomando un trago de aguardiente o un chorrillo de vino tinto de la bota; todos aún con la ropa sucia, en la cual se distinguen los remiendos, los parches de las rodillas y la cuerda de esparto que les sujetan las amplios pantalones. Comentan sobre el tiempo, sobre la cosecha de aceitunas o sobre cualquier cosa que pueda ocurrir en el pueblo. Estos grupos de jornaleros quedan fuera, en una especie de terraza sin mesas o terraplén de la entrada de la tasca. Unos comentan que la resistencia en toda Antequera está siendo épica, llevaban ya siete días de asedio; mientras que otros comentaban la última orden recibida por el alcalde desde el Gobierno civil, que instaba a la educación laica en las escuelas públicas, por tanto, a la retirada de los signos religiosos de las paredes de las aulas.

Mientras que a uno de los grupos le parecía bien, en otro de los corros les perecía una barbaridad:

—No sé adónde vamos a llegar, los chavales no van a saber distinguir lo que está bien de lo que está mal con tanto cambio y tanta tontería.

Desde el otro corrillo, se giró Fermín, el funcionario ferroviario del mono azul grasiento, que, al oír el comentario, dirigiéndose al primer grupo, les espetó:

—Bueno, no creo que quitar el crucifijo de la pared despiste a los niños, para educar en la religión ya está la Iglesia. Además, cada cual que haga lo que quiera en su casa.

—¿Qué sabrás tú, listillo? Que no te enteras de nada. Los experimentos con gaseosa, ¡vale! —le contestó Pepe, el encargado de la cooperativa de aceite.

—Mira, lo que tenemos que hacer —dijo Fermín— es intentar entre todos que a los descontrolados que están perdiendo la cabeza, que pretenden hacer la revolución a base de destrozar iglesias y quitar de en medio a terratenientes y a curas, no se les ocurra hacer tonterías en el pueblo, una cosa es una cosa y otra cosa es otra.

En ese momento, intervino Cristóbal, un trabajador del campo al que el Gobierno de la república le había concedido tierras propias en virtud de la nueva legislación social agraria y que el nuevo Gobierno de la CEDA le hizo devolver por la anulación de esta ley agraria.

—Sí, pero, mientras tanto, los fascistas avanzan y esos de negro los ayudan desde los púlpitos. Mira, ¿sabes qué te digo?… Que hagan lo que quieran.

El 13 de mayo de 1936 fue un día de negro presagio, se desató la irracionalidad: grupos de obreros, encendidos por la rabia y por el impulso del Comité Revolucionario, decidieron en asamblea hacer su propia revolución en el pueblo.

Fueron a casa de la marquesa Rosario Luque Casasola, saqueándola y llevándose enseres y joyas pertenecientes a la familia de los marqueses. También fueron a por el párroco, José Gamboa Barranco, que era un joven cura de treinta y un años natural de Coín. Este capellán, en más de una vez, en sus homilías, se había referido a los acontecimientos ocurridos en diferentes pueblos de la comarca en los que terminaron llevándose a los párrocos detenidos, encerrándolos en la prisión de Málaga, calificando estos hechos como de extrema gravedad y diciendo que estos ataques a la civilización cristiana, más pronto o más tarde, serían juzgados por la ley de Dios y tendrían su castigo. En ningún caso se le reconoce ninguna participación en hechos delictivos o violentos.

El Comité Revolucionario, junto a otras gentes del pueblo, entró en la Iglesia de las Virtudes y detuvo al capellán, llevándoselo hacia Antequera para después ser juzgado por rebelde y contrarrevolucionario.

Como es de suponer, la iglesia sufrió graves destrozos, entre ellos, una antigua imagen de la virgen del pueblo, muy apreciada. José Gamboa Barranco, el joven párroco de Coín, murió ejecutado en la «saca» de la Prisión Provincial, llevada a cabo por las turbas tras el bombardeo de la ciudad de Málaga unos meses después, el 24 de septiembre de 1936. De nuevo, la serpiente intolerante mordió, inyectando su letal veneno de odio en las conciencias de los malagueños. Las turbas de gente incontrolada y las autoridades encargadas de proteger a los presos no entendieron que ese tipo de represalias injustificables no era otra cosa que el comienzo de la derrota ética y moral a la cual seguiría inexorablemente la derrota total. Parece ser que, en el pequeño pueblo de la laguna con casas blancas, no hubo muertes ni más desenfreno, o, por lo menos, quien les narra estos sucesos no ha sabido o no ha podido extraer una información más concreta.

Mientras tanto, en el pueblo de la laguna, como en otros muchos pueblos de la provincia, se preparaban para la llegada del ejército hispanomarroquí de infantería, comandado por el general Varela, y se organizaba un grupo de falangistas llegados de fuera que recogía información sobre los «rojos» del pueblo.

Cuando el frente militar se disponía a entrar en el pueblo con su implacable maquinaria de guerra, Antonio, el alcalde, se reunió en la escuela con las personas significativas del pueblo y, explicando la situación, les dijo:

—Tenemos noticias de una gran represión en todos los pueblos de la provincia, parece ser que la fuerte resistencia en la comarca de Antequera hace aún más intensa la rabia contra todo aquel que tenga el más mínimo compromiso con la República. Por tanto, os aconsejo que neguéis ser sindicalistas, formar parte de ningún partido político y que, si podéis huir a esconderos, lo hagáis, hasta que todo esto se serene.

»Por favor, no os fieis de nadie, porque se están elaborando listas para los falangistas y para la Guardia Civil. La última que se conoce es una lista de todos los maestros de las escuelas que aplicaron la ley del laicismo, es decir, en realidad, en ella están todos los maestros públicos. Parece ser que José María Pemán, el escritor, está al frente de una depuración exhaustiva del gremio. También se están pidiendo los nombres de los ferroviarios, sobre todo, los del Sindicato Ferroviario.

Vicenta, que estaba entre la gente, en la reunión, preguntó, comprendiendo el peligro:

—Pero ¿cómo voy a esconderme o huir si tengo cinco niños pequeños?

Juan, su marido, les explicó que acaso él podría intentar hacerse cargo de los niños.

—No, Juan —dijo el alcalde—, tanto las mujeres como los maridos de personas vinculadas a partidos son acusados de encubridores y los demás familiares de primer grado también están en la lista como colaboradores. Esto no es una broma, no van a tener compasión de nadie. Huid todos juntos si podéis, lo más rápidamente posible.

—Pero Antonio, ¿y tú qué vas a hacer?, ¿no ves que serás el primero en caer? —le dijo Fermín, el ferroviario del mono grasiento.

—Sí, pero mi sitio es estar aquí para ayudar en todo lo que pueda, espero que respeten la institución. Idos y yo intentaré cubriros como pueda.

—Venga ya, Antonio, déjate de tonterías y huye tú también —le dijo Paco, el secretario del Ayuntamiento.

—Ya os dije que esto iba a terminar mal que no puede ser querer ir tan rápido y cambiar tantas cosas —comentó el funcionario del ferrocarril y miembro del Sindicato Ferroviario.

—No tengo más que deciros, simplemente que intentéis huir si podéis, que no habléis con nadie, por Dios.

Por la tarde, en la casa de la calle Ancha n.º 15, la casa grande de la esquina, Vicenta, mientras los niños merendaban, prepara unos bultos con ropa y otros con comida, usando para ello las sábanas. Mientras tanto, Juan, el hijo mayor del difunto Juan Ramón, intentaba comprar o alquilar un carro con un buen caballo para huir. Justo entonces empezaron a oírse gritos y a sentirse un fuerte ruido de botas de los soldados que subían a través de la calle: eran los regulares moriscos. Muchos de ellos, a pesar del calor, iban con chilabas y unos enormes cinturones de munición balanceándose, que les colgaban del cuello. Entraban en las casas a golpes de culatazos de mosquetones, calados con bayonetas; derribaban las puertas gritando ferozmente, buscaban enseres que llevarse y mujeres a quienes forzar. Su tez morena, quemada por el sol, sus mentones sin afeitar y su olor delataban un largo tiempo sin asearse. Sus miradas felinas, frías, transmitían el odio acumulado por la guerra.

Mientras escudriñaban las casas en busca de su botín de guerra, maldecían en un perfecto bereber de la zona del Rif, escupían salivazos si no encontraban nada de valor, llevándose enseres que seguramente no iban a llegar enteros a su tierra, como relojes de pared o cuberterías de plata. Llevaban ya destrozadas varias puertas y ventanas cuando, al llegar a la casa de la calle Ancha, en la esquina, la del n.º 15, la casa de Juan, los moros golpearon con fuerza a la puerta y Vicenta, agarrando entre sus faldas a sus hijos más pequeños, gritaba de desesperación. En ese momento, una voz de afuera se dirigió a los marroquíes:

—¡Quietos! A esta dejadla para nosotros, que tenemos cuentas pendientes. ¡Vicenta, abre la puerta!

—Mis hijos, por Dios… —contestó.

—¡Tranquila, no les ocurrirá nada! —dijo la voz.

Vicenta corrió el cerrojo, abriendo la puerta. Entonces vio en la explanada de la entrada de la casa a un guardia civil, dos tipos engominados vestidos de azul con el yugo y las flechas en el pecho y, acompañándolos, un tipo con gafas que la apuntaba con el dedo. Mientras, media docena de bereberes entraron a saco en la estancia, empezando a destrozarlo todo, al tiempo que los niños lloraban desconsoladamente.

Allí mismo, delante de sus cinco hijos, a la maestra le cortaron el pelo a cero y le hicieron tragarse un cuarto de litro de aceite de resino mientras balbuceaba insistentemente:

—Por Dios, mis hijos...[3]

Un camión la esperaba delante de su casa. En él, había nueve mujeres más. La subieron al camión mientras las demás intentaban calmarla, pero ella no podía dejar de pedir que dejaran tranquilos a sus hijos, mientras los chicos afrontaban el trauma llorando al tiempo que los moriscos saqueaba la casa y destrozaban el mobiliario. Al final de la calle Ancha, se vio a Juan corriendo calle abajo como diablo que le lleva el viento, advertido ya de que se llevaban a su mujer,

—¡Dejadla, ella no ha hecho nada!

La respuesta fue un culatazo en el vientre y otro en la cabeza. Mientras tanto, la valiente Vicenta, de la frondosa mata de pelo esparcido por el suelo, gritaba pidiendo que dejaran tranquilo a Juan. El camión partió a dar el paseíllo por el pueblo. Mientras unos las miraban con compasión y otros se escondían tras los visillos de las ventanas, avergonzados, otros las insultaban llamándolas «putas» o «rojas de mierda», personas todas ellas a las que tan solo hacía unos días les confiaban la educación de sus hijas y el gobierno del pequeño pueblo de casas blancas. En el camión, los hombres que lo conducían hablaban por lo bajo. Las mujeres intentaban que se les pasara el temblor por el horror que estaban viviendo. Estaban, junto a Vicenta, Virtudes Castro Prieto «Espina»,

---

[3] Testimonio oral de J. A. P.

Dolores Gallardo Rubio, Dolores Gómez Verdú, Juana Peñas Gómez, Rosario González León, María Páez Pacheco, Socorro Hidalgo Roa, Dolores Medina González y Josefa Espinosa Rodríguez.[4]

Mientras, Juan huyó del pueblo hacia el monte para unirse a los milicianos.

En el pueblo, todas aquellas mujeres detenidas fueron procesadas en el puesto de la Guardia Civil de Fuente de Piedra, mediante un procedimiento sumarísimo de urgencia por el juez instructor, el capitán José Arnal Fiestas, basándose formalmente en la denuncia por robo de la marquesa del pueblo Rosario Luque Casasola, Vda. de Checa Palma,[5] y la intervención como testigos de los dos falangistas engominados, Alfredo Corbacho Díaz y Joaquín Acuñas Galisteo, sin abogado defensor, por supuesto, y bajo la mediocre pluma, que fabricaba todo tipo de faltas de ortografía, del impresentable Ángel González Caffarena, que ejercía de secretario del ignominioso acto. Después, fueron llevadas a un improvisado campo de concentración de Antequera y, posteriormente, a la Prisión Provincial de Málaga poniéndolas a la disposición del Consejo de Guerra y, por lo tanto, sometidas a la jurisdicción castrense.[6]

Mientras el Ejército encarcelaba al resto de las personas significativas del pueblo, entre ellos, al alcalde y a todos los responsables de partidos y sindicatos, los mandos iban sustituyendo a estos por personas afines al nuevo régimen, nombrados por el jefe del ejército de ocupación de la villa. Una vez

---

[4] Procedimiento sumarísimo n.º 65 del juzgado n.º 16 del Ejército español, plaza de Antequera.

[5] Procedimiento sumarísimo n.º 65 del juzgado n.º 16 del Ejército español, plaza de Antequera.

[6] Procedimiento sumarísimo n.º 65 del juzgado n.º 16 del Ejército español, plaza de Antequera.

fue nombrado el nuevo Ayuntamiento, todos fueron ratificados en sus cargos el 21 de agosto de 1936.[7]

En octubre, se aprueba lo siguiente:

> El Sr. Presidente dio cuenta del sinnúmero de viviendas que se hallaban abandonadas por sus dueños y sometida a la aprobación del consejo si procedía el arrendamiento de las mismas entre los vecinos de la localidad, pues la mayoría de dichas casas pertenecen a elementos marxistas. Previo estudio de la antedicha propuesta se acuerda por unanimidad se proceda a su arrendamiento con carácter provisional y que los fondos que se obtengan queden en depósito en esta Caja Municipal en tanto la autoridad superior de ordenes sobre este particular.[8]

Entre estas casas, se encontraba la de la calle Ancha n.º 15, realojando a los hijos de Vicenta y de Juan en un cortijo, al servicio del terrateniente, en labores del campo.

---

[7] Crónica de Fuente de Piedra, de Francisco Muñoz Hidalgo y A. Ricardo.

[8] A. de Fuente de Piedra, acta del. 14 de octubre de 1936, recogida en Crónica de Fuente de Piedra, de Francisco Muñoz Hidalgo y A. Ricardo.

DEPURACIÓN DE LA EDUCACIÓN ESPAÑOLA EN EL FRANQUISMO

El 7 de diciembre de 1936, el presidente de la Comisión de Cultura y Enseñanza, José María Pemán, escribía la circular que, además de recoger el ideario político, amplía lo referente a las propuestas que las comisiones depuradoras pueden elevar a la Comisión de Cultura y Enseñanza, estableciéndose qué penalización debe aplicarse a los interesados según las acusaciones:

> Tres propuestas pueden formular las comisiones depuradoras, conforme a la orden de 10 de noviembre, a saber:
> 1.º Libre absolución para aquellos que, puestos en entredicho, hayan desvanecido los cargos de haber cooperado directa o indirectamente a la formación del ambiente revolucionario.
> 2.º Traslado para aquellos que, siendo profesional y moralmente intachables, hayan simpatizado con los titulados partidos nacionalistas vasco, catalán, navarro, gallego, etc., sin haber tenido participación directa ni indirecta con la subversión comunista-separatista.
> 3.º Separación definitiva del servicio para todos los que hayan militado en los partidos del Frente Popular o sociedades secretas, muy especialmente con posterioridad a la revolución de octubre y de modo general, los que perteneciendo o no a esas agrupaciones hayan simpatizado con ellas u orientado su enseñanza o actuación profesional en el mismo sentido disolvente que las informa.[9]

[9] Circular de 7 de diciembre de 1936, derogada por orden de 17 de febrero de 1937. Foro de Educación, n.º 9, 2007.

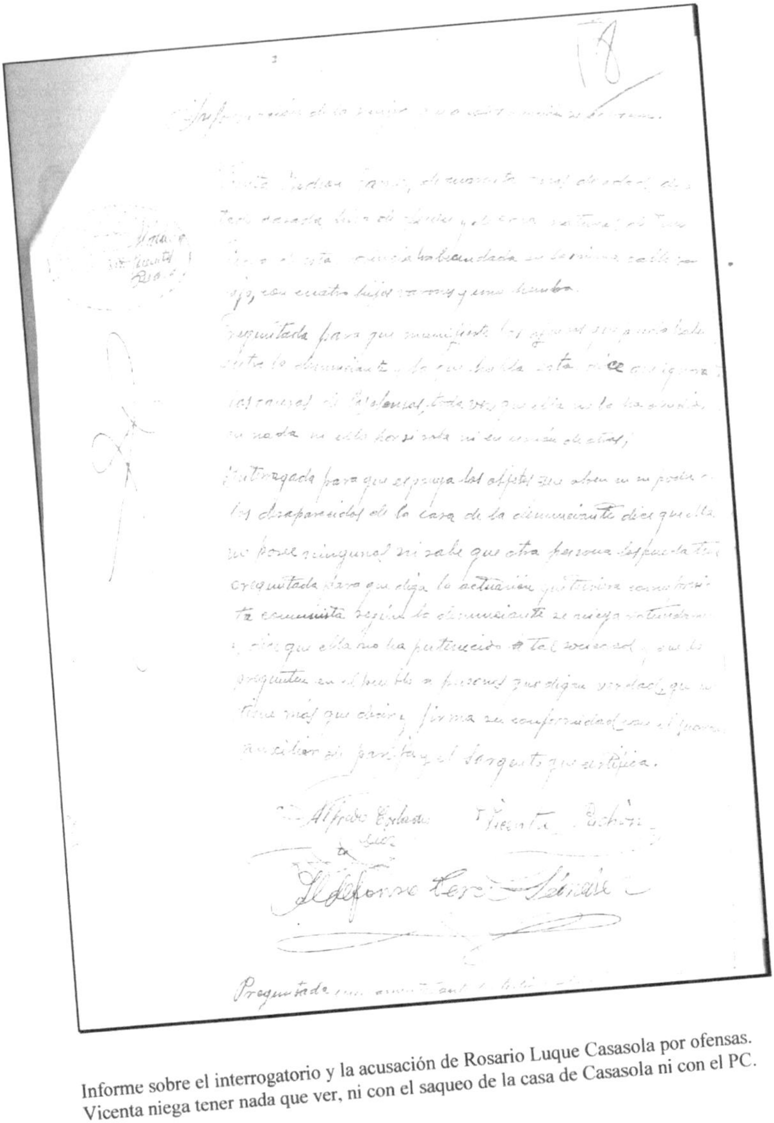

Informe sobre el interrogatorio y la acusación de Rosario Luque Casasola por ofensas. Vicenta niega tener nada que ver, ni con el saqueo de la casa de Casasola ni con el PC.

para [illegible] firman los testigos [illegible] del [illegible]
[illegible] [illegible] que certifico.

Joaquín Auñón   Manuel Salera
Alfredo Bertodano
Ildefonso Pérez Sánchez

Declaración del testigo Joaquín [illegible]

Preguntado el testigo anotado al margen, mayor de edad, de esta vecindad y pertenecientes a Falange Española de la misma sobre la conducta y actuación de Vicenta Pachón Gómez, dice que [illegible] de la sociedad obrera socialista sección femenina [illegible] ideas izquierdistas extremadas, [illegible] continuamente y presidiendo todas las reuniones que [illegible] [illegible] haciendo propaganda a sus ideas; no tiene conocimiento que haya cometido hechos delictivos, que su esposo se encuentra huido con los rojos, que no tiene más que decir y firma a continuación con el guardia auxiliar y el sargento que certifica.

Joaquín Auñón
Alfredo Bertodano
Ildefonso Pérez Sánchez

Declaración del testigo Manuel Salera Gil.

Preguntado el testigo anotado al margen, mayor de edad de esta vecindad y perteneciente a Falange Española de la misma sobre la conducta y actuación de Vicenta Pachón Gómez dice que era presidenta de la sociedad obrera socialista sección femenina [illegible] ideas extremadas izquierdistas, que continuamente asistía a cuantas reuniones se [illegible], ha[illegible]

Vicenta Pachon Gamez

sión y edad años. y que

ofrece como señas particulares las de

C O N S T A N

y dados a conocer los hechos que se le imputan, declara, relevado del juramento prestado lo siguiente: que se afirma y ratifica en la declaracion prestada ante la Guardia Civil.

A nuevas preguntas manifiesta: que fue Presidenta del Partido Socialista(Seccion Femenina), y no del Partido Comunista como se ha dicho, pues hasta la palabra Comunista le repugna.

Que ha asistido a una manifestacion y a una reunión de caracter marxista, pero que no ha hecho propaganda ni intervenido en otros hechos.

Se ratifica previa lectura y firma con s.s. DOY FE.

Vicenta Pachón

Invitado a designar defensor nombra a

RATIFICACION./ En la

de mil

treinta y siete, comparecen los vecinos

Don Manuel Salazar Gil y Don Joaquin Aca-

del Partido Socialista femenino y

marxismo. Es de rumor público que

propagandis-

VICENTA RECONOCE PERTENECER AL PSOE, SECCIÓN FEMENINA. EN ESTA PARTE, YA NO SE HABLA DE NINGÚN HECHO DELICTIVO. OBSÉRVESE QUE EL ESPACIO PARA LA DESIGNACIÓN DEL ABOGADO DEFENSOR ESTÁ VACÍO.

chasmas incendiarias,pero los no pueden

Leida la anterior la encuentran conforme y firman con

S.S.NTE MI .

extremo,por no haber

Final de la declaración de los falangistas, diciendo que era una gran propagandista, pero reconociendo que ellos no son testigos presenciales.

En Málaga, sobre el mes de febrero del 1937, los nacionales del Ejército rebelde de tierra se acercaron a solo siete kilómetros de la capital. Los incesantes bombardeos desde la bahía de las fragatas de la marina italofranquista hacían mella en la resistencia republicana y en la moral de las gentes atrincheradas en esa ciudad rodeada de montañas que es Málaga.

El Ayuntamiento, que era la autoridad real encargada de organizar la defensa, se plantea la pronta evacuación de la ciudad hacia el este. La población estaba horrorizada por los testimonios de los refugiados que iban llegando de otros lugares de la provincia, al mismo tiempo que, desde el aire, los aviones hacían caer una proclama del general Queipo de Llano que decía:

> ¡Malagueños! Me dirijo, en primer lugar, a los milicianos engañados. Vuestra suerte está echada y habéis perdido. Un círculo de hierro os ahogará en breves horas, porque, si por tierra y aire somos los más fuertes, la escuadra leal a la dignidad de la patria os quitará toda esperanza de huida, ya que la carretera de Motril está cortada.
>
> Es inútil vuestra resistencia, que no hará más que agravar vuestra suerte. Entregadnos vuestros jefes y autoridades, que os han estado engañando, y almacenad vuestras armas para salir con los brazos en alto al encuentro de nuestras columnas. Será la única manera de salvar la vida de todos aquellos que no hayan adquirido responsabilidad en tantos crímenes como se han cometido en Málaga…

Ante el devastador avance del Ejército nacional, la única salida que quedaba para quienes huían de la ciudad y de la guerra era la carretera de Málaga a Almería.

No voy a describir los detalles que podemos encontrar en los libros de historia sobre lo ocurrido en la tragedia de la carretera de Almería, porque, entre otras cosas, no es mi intención recrearme en unos hechos de sobra conocidos. Pero me resulta imposible no comentar que, aunque las guerras son lo que son, hay momentos de la vida en que uno se avergüenza de pertenecer a esta especie humana, capaz de bombardear desde los hidroaviones, intencionada y vilmente, a viejos, mujeres y niños desvalidos, en plena huida del horror. En la carretera de Almería, se vivió uno de los episodios más negros de la historia de España. Picasso declaró que el *Guernica* también pudo ser pintado en su ciudad natal.

En la Prisión Provincial de Málaga, los presos vivían hacinados y, cada domingo, en el interior de la cárcel, a los encarcelados por motivos políticos, que eran casi todos, se los hacía asistir a misa. Cada mañana, estaban obligados a formar en el patio primero de la cárcel provincial, para cantar el *Cara al sol* con el brazo derecho en alto y la mano estirada. Entre el 8 de febrero de 1937 y abril de 1939, ingresaron al menos 819 mujeres y 4168 hombres; entre ellos, se encontraban Juan, el marido de Vicenta, y su hermano, por ser familiar de rojos, supongo. A las mujeres se les asignaron celadoras y, con posterioridad, monjas, algunas de ellas con familiares reprimidos anteriormente por los comités revolucionarios del bando republicano. Dedicaban su tiempo, normalmente, a la confección de chalecos y otras prendas de punto, también trabajaban en los talleres.

El hecho es que, cuando empezaron los consejos de guerra, las ejecuciones eran constantes, diarias, tanto de gente de la Prisión Provincial y del campo de concentración de Alhaurín como de otros centros de la capital. Diariamente, se abría el portón de la tapia derecha de la prisión y pasaba dos o tres veces un camión con grupos de condenados a muerte.

Presos en el patio de la Prisión Provincial de Málaga obligados a cantar el *Cara al sol*

No fue hasta el 29 de octubre, un año y dos meses después de pasar por el campo de concentración de Antequera y de la Prisión Provincial, en un día y festivo por celebrarse el Día de los Caídos por la Patria, cuando sacaron a Vicenta, junto a otras dieciocho personas, para «llevárselas a matar» (expresión empleada entre los presos de la cárcel) a la tapia del cementerio de San Rafael.

Juan, desde la prisión, cuando se enteró, quedó horrorizado. El día señalado, se las arregló para despedirse de ella antes de que el camión cruzara el portón de la izquierda de la cárcel por donde se llevaban cada día a ejecutar a las personas sentenciadas. No sé cómo imaginar y, por tanto, describir exactamente el profundo dolor que debe suponer ver como a Vicenta, de la frondosa mata de pelo, la valiente madre de cinco hijos, la maestra de escuela del hermoso pueblo de la laguna, se la llevaban como si fuera alguien que mereciera semejante sentencia judicial. Juan ya no sería nunca más el mismo y salió de la cárcel once años más tarde (tras el indulto de 1947) para ir a morir de una enfermedad contraída, probablemente en cautiverio, junto a sus hijos, emigrados todos ellos a una isla lejana, lejos de su querido pueblo de casas blancas.

Vicenta, en el trayecto por el Camino de San Rafael, sintió como la brisa del mar le acariciaba la cara, ese mar que nunca tuvo la oportunidad de ver antes. Se puso de pie y estiró el cuello cuanto pudo para contemplar la inmensidad del Mediterráneo y el sereno contacto de las suaves olas con la orilla. Sintió paz y cerró los ojos para disfrutar de ese enigmático momento. Sí, es extraño, pero no sentía miedo, tenía asumido su final desde hacía tiempo: la valiente Vicenta, de los grandes ojos negros y la hermosa mata de pelo negro como el azabache, estaba serena, tranquila. Toda una lección para la barbarie que se estaba cometiendo por los bárbaros de siempre, por los hipócritas de la religión impuesta, por los dogmáticos de la patria imperial, crueles personajes que esconden su complejo de inferioridad detrás de un traje azul, pretendiendo sentirse importantes porque pueden matar impunemente a madres con cinco niños pequeños.

El grupo de los diecinueve fueron colocados a un metro del muro del cementerio, un muro castigado por los disparos de tanta ejecución y tanta muerte. Vicenta seguía tranquila, mirando a lo lejos la calmada mar por detrás del pelotón de sus verdugos. Cerró los ojos y un suave golpe de aire levantó armónicamente el incipiente pelo de su frente. No oyó exactamente lo que le dijo el cura (simplemente no le interesaba) ni oyó los gritos de las órdenes del oficial encargado de dirigir la ignominia: simplemente estaba en paz consigo misma. Después vino la nada, el sueño.

Presenciaron como testigos de estos hechos, según figura en el acta de defunción, Demetrio Nosca Álvarez de Toledo y José Márquez Rosales. Firmó el acta el juez interino Joaquín Muñoz Sánchez y el secretario suplente Urbano Marcos Bartual, este último condecorado por Franco en audiencia un jueves 22 de enero de 1964 con la cruz sencilla de san Raimundo de Peñafort.

Número 599

Nombre y Apellidos

ESPAÑA
MINISTERIO DE JUSTICIA
REGISTROS CIVILES

Vicenta Pachón Gómez

N.º 3409796 /07

Certificación Gratuita

En Málaga, provincia de Málaga, a las once y treinta minutos del día cuatro de Marzo de mil novecientos treinta y siete, ante D. Joaquín Muñoz Sánchez Juez Municipal interino y D. Urbano Marcos Bartual, Secretario suplente se procede a inscribir la defunción de D. Vicenta Pachón Gómez, de ..., natural de ..., provincia de ..., hijo de D. ... y de D.ª ..., domiciliado en ... de ..., número ..., piso ..., de profesión ... y de estado (1) ...

... falleció en (2) ... el día veinte y nueve del pasado mes, a las ... y ... minutos, a consecuencia de (3) ... por arma de fuego según resulta de la certificación facultativa presentada y reconocimiento practicado, y su cadáver habrá de recibir sepultura en el Cementerio de ...

Esta inscripción se practica en virtud de (5) oficio recibido de la ... Tona de Guerra

consignándose además (6) ...

habiéndola presenciado como testigo D. Demetrio Nosca Álvarez de Toledo y D. José Márquez Rosales mayores de edad y vecinos de esta capital

Leída esta acta, se sella con el del Juzgado y la firman el señor Juez, los testigos (7) de que certifico.

La República Española

DE LA ESPERANZA EN LA REPÚBLICA A LA TRAGEDIA DE LA GUERRA: CRÓNICA DE LOS ACONTECIMIENTOS EN MÁLAGA

«¡La niña bonita! ¡Ha llegado la niña bonita!», gritaban por las calles sin asfalto del pueblo de la laguna. Los hombres del campo y las sencillas mujeres salieron de sus casas, se hicieron corros frente al ayuntamiento, la alegría era general. Al atardecer, se juntaron un grupo de «tocaores» y de «cantaores». Hubo una gran fiesta, bailaban las parejas con gran participación y las mujeres, con sus vertiginosos movimientos de cadera, encendían aún más la borrachera de alegría. Era el mes de abril, llegaba el buen tiempo y, con la primavera, volvían las aves migratorias para aparearse en la laguna salada. Eran días claros, la luz lo inundaba todo.

En Málaga, unas sesenta mil personas salieron con entusiasmo a celebrar el evento. Mientras el primer alcalde republicano, Emilio Baeza Medina, izaba la bandera en el balcón, unos grupos de incontrolados derribaron la estatua del marqués de Larios en la acera de la Marina y la arrojaron al mar, incendiando seguidamente el periódico conservador *La Unión Mercantil*.

Estos hechos aislados, sin embargo, no consiguieron rebajar la intensidad de la alegría en los días posteriores, hasta que llegó el primero de mayo, cuando una multitudinaria manifestación no cesaba de aclamar al nuevo Estado. La euforia se desbordó con la llegada de una carroza sobre la que iba una joven, ataviada con la bandera tricolor, que simbolizaba la república con todos sus atributos: el gorro frigio, distintas alegorías del trabajo y el león hispano con el escudo de España.

Las principales fuerzas políticas salidas de las elecciones municipales eran republicanas; en Málaga, la más numerosa era la corriente socialista formada por una pluralidad de grupos: Alianza Republicana, Partido Radical, Partido Radical Socialista, Agrupación al Servicio de la República, Derecha Liberal Republicana… Se trata de partidos de corte burgués y tan solo salió un concejal comunista. En Antequera, fueron los hombres de Lerroux los que formaron mayoritariamente la Alianza Republicana local.

Por lo que se refiere al PSOE, era la fuerza política mejor organizada en la provincia, con veinticinco sociedades y cerca de 2700 afiliados, entre ellos, el viejo líder José Molina Moreno y otros como Antonio García Prieto, Antonio Fernández Bolaños etc. Su rama juvenil, las Juventudes Socialistas, tenía una implantación fundamentalmente urbana, pero siguiendo la tónica iniciada en los años veinte. La gran fuerza socialista residía en el campo con el potente sindicato UGT: la Federación Nacional de Trabajadores de la Tierra se extendía por cuarenta y siete municipios y, gracias al control y seguimiento que hizo del cumplimiento de la Legislación Social Agraria y en el aprovechamiento de las tierras comunales, sus afiliados pasaron de 3000 en 1930 a más de 21 000 al año siguiente.

En cuanto a la CNT, a pesar de la forzada clandestinidad en que la sumió la dictadura de Primo de Ribera, mantuvo su ascendiente entre los trabajadores malagueños.

Todo empezó a cambiar unos días después, cuando el cardenal primado de España, Cardenal Segura, publicaba una pastoral en contra de la república y a favor de la monarquía. La respuesta popular, sin control político, alimentada por años de opresión, fue virulenta. En todo el país, se quemaron iglesias y conventos. En Málaga, los hechos fueron especialmente graves, hasta una cuarentena de edificios religiosos fueron pasto de las llamas los días 11 y 12 de mayo, ante la indiferencia de las fuerzas del orden y la desesperación de las autoridades republicanas. En el resto de la provincia, los primeros conflictos tuvieron lugar en mayo y junio de 1931, con una huelga de UGT y de la CNT como respuesta a la muerte de un obrero a manos de socios del Círculo Mercantil; y así, durante los años 1931, 1932 y1933, se sucedieron las huelgas en los diferentes sectores; solo en el campo, más de sesenta, a las que hay que añadir las de los ferroviarios, la de trabajadores del puerto, obreros del transporte etc.

Con el giro a la derecha de Lerroux, en diciembre de 1933 llegó al poder la derecha radical-cedista y se exacerbaron las actitudes. A partir de 1934, las autoridades procedieron a cerrar sistemáticamente centros y locales obreros, a la disolución de Ayuntamientos integrados mayoritariamente por socialistas y republicanos.

Margarita Neiken, Preston la rescató del olvido de la guerra

Paralelamente, se derogaron las leyes de intensificación de cultivos, expulsándose a todos los jornaleros que les concedieron tierras. Además, se indulta al general golpista Sanjurjo y a los militares implicados en el golpe de estado de 1932. En octubre de 1934, los socialistas se lanzan a una huelga general revolucionaria, que se concluyó con un fracaso, centenares de muertos y miles de encarcelados. Tras la represión, hubo que esperar al triunfo del frente popular, en febrero de 1936, para que se produjese la reorganización obrera.

En Málaga, el 16 de enero de 1936 llegaron a un acuerdo diferentes partidos de izquierdas, dando como resultado el triunfo del Frente Popular con tres diputados del PSOE, tres de Izquierda Republicana, dos de Unión Republicana y uno del PC. A medida que se acercaba el 16 de febrero, los incidentes iban en aumento en la provincia: en Antequera hubo dos heridos, en Fuente de Piedra se detectaron coacciones patronales para votar la candidatura de derechas, etc.

Con el triunfo del Frente Popular, la estrategia del PSOE se aproximó a la del PC, se liberaron presos políticos y se ocuparon tierras. Fue, sin embargo, después del 18 de julio de 1936, y como respuesta al levantamiento militar, cuando Málaga vivió un estado de autentico frenesí revolucionario que permitió, en un primer momento, abortar la sublevación de las fuerzas leales a los rebeldes.

Según Gerald Brenan,[10] testigo de los hechos, la República mantuvo el control sobre la situación gracias al apoyo de las milicias obreras, reduciéndose, entre otros, a los capitanes Huelin, Hernando y Laffita; el coronel de la Guardia Civil, Gómez Carrión; el teniente coronel de Carabineros, Carlos

[10] Gerald Brenan, esaitor, testimonio oral y escrito.

Floran; y el jefe de la Guardia de Asalto; fuerzas que contaban con una trama civil como la del presidente de las Juventudes de Acción Popular, Amador García Moyano.

El escritor Gerard Brenan, testimonio oral y escrito

Aunque toda la provincia sufría los horrores de la guerra que provocó el conflicto, los desmanes todavía no se habían producido, como precisa Brenan. Sin embargo, muy pronto irrumpió la poderosa y desafiante voz de Queipo de Llano con sus increpaciones radiofónicas, anécdotas groseras, sus chistes e insultos y sus incendiarias proclamas. A partir del 26 de julio, se inicia una escalada de violencia irracional, compulsiva, que se vio acrecentada por los bombardeos de la capital. Empezaron los ajustes de cuentas, sembrando el pánico en toda la provincia, y es que, en las guerras civiles, los hombres y mujeres se enfrentan con sus miedos, sus recuerdos, entrando en juego los resortes emocionales, la irracionalidad, el odio y la sed de venganza.

Con todo, la provincia fue ocupada rápidamente por las tropas franquistas. En agosto, entran en Antequera después de haberlo hecho en Fuente de Piedra, Humilladero y Mollina. Con la ocupación, comenzaba una masiva evacuación que llevará a miles de refugiados hasta la misma frontera francesa, constituyendo unos de los episodios más crueles de la guerra civil española.[11]

A otros aún les fue peor, se tuvieron que quedar en su casa.

[11] Relato de Manuel Morales Muñoz, revista Jábega n.º 94 del 2003, Diputación de Málaga.

Españoles y españolas con el rostro tallado por el frío esperan que les abran la frontera francesa

ULISES

Como una gran parte de españoles que después de la guerra sintieron el odio de los vencedores y el hambre de los años posteriores, los cinco hijos de Vicenta, la de la gran mata de pelo color azabache tirado por el suelo, tomaron la decisión de buscar un lugar donde no se sintiera el odio y donde intentar vivir de su trabajo con su familia.

Se decidieron por Mallorca, en donde, en los años cincuenta, parecía que se podría vivir en paz de su trabajo. Sin duda, para unos andaluces de un pueblo del interior, Mallorca les parecía el mejor sitio posible para echar raíces. Pronto pudieron comprobar que así era por el dinamismo emprendedor de los mallorquines y por el incipiente turismo que poco a poco transformaría una tierra pobre en un lugar en donde vivir dignamente. Eso sí, trabajando duro en la construcción y en condiciones poco favorables por la dictadura, en la cual sentía más comodidad la oligarquía económica emprendedora que los inmigrantes trabajadores tanto del campo como de la construcción.

ULISES

¿La capacidad de emoción tiene límites? Si los tiene, se encuentran en cualquier punto de la estrecha carretera entre Valldemosa y Deià, o en un mirador cualquiera de la costa de la *serra* de Tramuntana, construido o restaurado con gran gusto y respeto por el entorno. Por la tarde, el ocaso del día nos hace tocar suavemente esos límites. Lo más desconcertante es que te sientes libre y, al mismo tiempo, débil, incapaz de asimilar en ese breve espacio de tiempo, la magnitud de lo que estás mirando. Sin saber cómo y por qué, el momento se te escapa sin lograr valorar correctamente tanto encanto sereno y tanta fragancia marina, pero no puedes hacer nada para impedir la inmersión del sol. «Volveré mañana…», piensas.

Al volver al este, te cruzas a la parte contraria del físico de esta isla. El paisaje sufre un cambio profundo: las planicies aradas y el desorden de pequeñas casetas construidas sin alma hacen contradictoria la armonía paisajística entre estos dos mundos de un mismo territorio. La ciudad de destino, donde ha nacido Ulises, es fea, sin orden, sin estilo. Es chocante esa dualidad de paisaje entre esos dos conceptos del mundo.

Ulises ama esta isla, a sus gentes y a su cultura a pesar de no ser uno de los suyos. Las raíces de aquí, para él, son inalcanzables; no es una crítica a los autóctonos, sino un hecho constatable que ocurre en cualquier lugar y en cualquier tiempo. Se trata de que estoy convencido de que la nueva oleada de inmigrantes, llegados de todas las partes del mundo, sentirán más pronto que tarde lo mismo; es inevitable, casi natural que así sea. Por eso entiendo al Ulises de Homero, al Odiseo que necesita volver a su Ítaca y, por tanto, a recuperar su reino y su identidad. De hecho, en psicología, existe un estado mental que afecta a los inmigrantes que se denomina el «síndrome de Ulises» y que tiene que ver con estos desarraigos humanos. Creo que los arraigos socioculturales dependen de las raíces y punto, no tengo más explicación. Evidentemente, podría exponer una explicación antropológica sobre las culturas heredadas de los pueblos y la aprehendida en la familia de pequeño, pero no creo que sea el caso, simplemente me remito a los sentimientos cotidianos sin más, a los hechos.

A mediados de agosto de 1977, con la playa repleta de gente en periodo vacacional, retozando su cansancio sobre la arena, hace un calor insoportable, más por la humedad del clima que por los grados del termómetro. Transitar por el paseo del puerto, sin tocar a nadie y sin pringarse de la viscosa protección solar de los turistas, es casi imposible.

Hasta el paseo marítimo del protegido y coqueto puerto, ascienden músicas pegadizas provenientes de un chiringuito instalado entre pinos sobre las rocas de la playa. «¡Eva María se fue a tomar el sol en la playa!». Un olor penetrante de paella recién hecha ataca directamente a los jugos gástricos de los turistas, removiéndolos con violencia.

Todas las terrazas colindantes a la playa, bajo los enormes pinos sobre el asfalto, están repletas de mesas con grandes jarras de cerveza muy fría, excesivamente fría, diría yo. Los camareros, de blanco y negro, cruzan la calle del puerto para hacerse acopio de más bebida que servir en sus metálicas bandejas.

En su afán por servir el chorreo de bebidas, los camareros se cruzaban con voluptuosos cuerpos con poca ropa, lo que, de alguna forma, hace inevitable la contorsión del cuello sobre las bandejas a uno y al otro lado. Es como si actuasen en un circo de tres pistas. Prestan atención al tráfico de la calle, a los tersos cuerpos semidesnudos y al mantenimiento del equilibrio de los vasos y botellas sobre las bandejas. «¡Como están estas dos rubias!». «*Tickets for tonight, please*».

Ulises trabaja de día en un taller, por la noche se gana un extra como «fotógrafo» en un peculiar comedero de *porcella* y sangría, en donde cada noche llegan los autocares repletos de turistas ansiosos por divertirse.

Una vez que los turistas se zampaban la *porcella* con patatas fritas y ensalada, aparecían unos chicos muy jóvenes ataviados con una camisa blanca, una faja roja y un porrón con vino que debían escanciar en las abiertas bocas de los extranjeros con la cabeza hacia atrás. Mientras, al otro lado de las mesas, el fotógrafo (nuestro personaje) esperaba el momento oportuno para disparar su cámara con el enorme *flash* sobre la cara del individuo en cuestión. Carlos, el encargado del negocio fotográfico, coordinaba el momento de darles de beber el vino con el porrón con el de hacerles la foto, todo con estilo, gran educación y a una prudente distancia, por supuesto.

Un tipo enorme, de grandes fauces, reclama al chico del porrón insistiéndole con la mano mediante un rápido movimiento de vaivén.

—*Come on, baby* —le dijo al mismo tiempo que el del porrón se acerca e intenta escanciarle el vino lo más arriba posible para lograr un mejor efecto, contribuyendo con ello al espectáculo, sin conseguirlo, por cierto, ya que la mitad del chorro de vino le cayó por encima de su enorme corpachón, provocando el jolgorio y la risa suelta de sus acompañantes.

El encargado, dirigiéndose a Ulises, le dice:

—Ahora, chico, dispara ahora. Aquí venderemos, por lo menos, ocho fotos.

Al terminar los carretes de fotografías en blanco y negro, el encargado, a gran velocidad, se introducía en el cuarto oscuro a revelar las mismas, aplicándoles un rápido fijador y el posterior secado ayudándose de un secador de pelo. El objetivo no era otro que conseguir hacer que la perdurabilidad de la imagen fuera, por lo menos, de un par de horas, el tiempo justo para pasar la foto por las narices de los bebidos extranjeros para cobrarles los veinte duros por foto.

Un poco más tarde, cuando los efluvios del alcohol se hacen sentir, estimulados por la insistente música veraniega, aparecen, por arte de magia, los camareros de las terrazas del puerto, vestidos ahora con ajustados pantalones de campana y con la camisa de manga corta dejando al descubierto parte del pecho, como corresponde a los auténticos *latin lovers*.

Al día siguiente, en el taller, los tres jóvenes hablan bajo:

—Escolta, Tomeu, no podré venir esta noche a casa de Pep Lluis a la reunión, pero mañana por la tarde podemos ir a pintar el local del sindicato de la calle de Ses Parres.

—*Bé, és igual*, ya te diré cómo ha ido la cosa.

Ulises es un hijo de forasteros nacido aquí. Está integrado y se esfuerza por ser uno más; por eso, desde pequeño, siempre ha hablado el mallorquín y ha formado parte de un círculo de amigos mallorquines. Como a muchos otros en esa época de cambio, le atrae el ambiente social nuevo que intenta superar a la España rancia, nacional-católica de los setenta, un ambiente que empezó a descubrir unos años antes de la muerte del dictador.

Rápidamente, idealizó las posibilidades de los anunciados cambios políticos con fantasías sobre una sociedad más igualitaria. El interés de Ulises por la novedosa política era realmente obsesivo, tanto que llegó a poner en cuestión casi todo el modelo de sociedad de aquel entonces: todo estaba mal, todo debía revisarse; y no solo lo pensaba, sino que lo expresaba a todo el que quería oírle con autentico desenfreno, sin darse cuenta de que probablemente esa forma de actuar era más una extensión de su edad y un reflejo de su propia necesidad de cambio personal que una convicción basada en una reflexión sólida. Pero las decepciones, como a todos, le llegaron pronto, inexorables, al cabo de unos años, ya en la democracia formal. Ulises, junto a sus amigos, hizo campaña contra la OTAN siguiendo los consejos televisivos del profesor Aranguren y de su amigo Tomeu. Al mismo tiempo, comprobó cómo se reprimía a los obreros, compañeros del Sindicato del Metal de Comisiones Obreras y de UGT en las manifestaciones en contra de la reconversión industrial, y cómo finalmente el capitalismo triunfó plenamente.

«Frente a la política de transformar los partidos en grandes máquinas electorales, reducir la democracia a la selección de líderes, Aranguren mantenía una resistencia admirable ante lo establecido y seguía abierto a una sociedad alternativa» (Antonio García Santesmases, *El País*).

A los cambios sociales, se le añadieron los cambios personales, la asunción de responsabilidades, los hijos, las hipotecas y, finalmente, la independencia económica en forma de pequeña empresa familiar. Por tanto, le llegó, como a todos, el pragmatismo. Con el pragmatismo social emergieron con gran fuerza, como todos sabemos, las políticas territoriales.

Unos años más tarde, comprobó cómo amigos y conocidos suyos de toda la vida, que jamás estuvieron comprometidos en la lucha social o con la causa de la igualdad, ahora discutían y se envolvían en banderas de la nueva y vieja causa nacionalista. Posiblemente, el apoyo popular a las reivindicaciones nacionalistas en la isla no era tan contundente como en el principado de Cataluña, pero en el ambiente cercano a Ulises, que estaba más politizado, se abrían brechas y a él le resultaba hiriente esa dicotomía de defensa del territorio frente a las aún pendientes políticas contra la miseria en el mundo.

Nuevamente, nos encontramos a Ulises fuera de lugar, perdido. No es que no comprendiera el sentimiento identitario o la construcción nacional, a pesar de los sincretismos empleados, sino que, en su ilusión aún encendida por un mundo mejor, lo prioritario para él debería ser el gasto de energías en el combate contra el sufrimiento. Si ya no era posible en el propio país, ¡aún quedaba el resto del mundo!

El nacionalismo es, naturalmente, un planteamiento que se basa en la explotación de los sentimientos de pertenencia al grupo afín, territorio o cultura. En eso, nuestro amigo quedaba excluido, ya que no se sentía uno de los suyos; es más, en sus cortos estudios universitarios de Ciencias Políticas, estudió la idea de nación como unidad de destino en lo universal y ese concepto lo oyó utilizar en tiempos de la dictadura en defensa del nacionalismo español en varias ocasiones.

Estos últimos años, seguía más de cerca otras políticas, como la ley de la dependencia, de la igualdad de la mujer o de la ley de la memoria histórica, que le parecía que entroncaban más con su idea de la lucha contra el sufrimiento de la gente. Su descolocación intelectual, con el aumento de su propia frustración, era creciente, al punto que las inútiles discusiones sobre el sentimiento identitario llegaron hasta las cenas de los sábados con los amigos.

Rápidamente, le colgaron la etiqueta de españolista, con lo que él se sentía cada vez más enemigo, más desarraigado, más perdido. Sobre todo, después de que una vez se atrevió a criticar la celebración de la conquista de Mallorca por el rey Jaume I, el Conquistador.

—Para mí, es el equivalente a la conquista de Granada por los Reyes Católicos… —dijo Ulises vehementemente, añadiendo después—: Ese tipo de celebraciones en la izquierda peninsular se considera una celebración fascista. No entiendo cómo quienes, en defensa de una causa identitaria, festejáis una sangrienta guerra que represento el exterminio de miles de personas. Tenemos que comprender el derecho de quienes piensan distinto, que no es ni mejor ni peor, sino diferente. Además, ¿por qué siempre les llamáis despectivamente «sarracenos»? Si eran mallorquines como vosotros, si llevaban ocho siglos aquí.

—*Batualmon* tío, se trata de hacer que tengamos el derecho de seguir o no con España, que desde Madrid no nos hagan pasar por el tubo —le dijo Aleix enfadado, soltando con brusquedad el tenedor.

Ulises, en su locura, forzó salidas hacia delante del sinsentido de su vida cotidiana, quizá como fórmula para no romper con la misma debido a sus compromisos familiares y sociales. Hizo viajes, tuvo aventuras que casi le cuestan el divorcio, como la que hizo viajando en una furgoneta de su pequeña empresa, pasando por Francia, recorriendo toda Italia de norte a sur, parándose en Roma varios días; cruzó el Adriático, entró en Grecia, cruzando el estrecho de Corinto por Patras; llegó a Atenas, a su Acrópolis, y ascendió por la orilla del mar Egeo hasta Estambul, volviendo posteriormente por los antiguos países del telón de acero, siguiendo el Danubio, para volver desde Praga, de nuevo, a Barcelona.

En otra ocasión, intentó la aventura política desde el militarismo de partido, hasta que se estrelló contra el aparato del encargado de recordarle que lo único importante en la política es el poder.

En otro viaje, recorrió Egipto con su mujer, desde la lejana Nubia hasta la enigmática Alejandría, recorriendo el Nilo con su impresionante cultura antigua. Estos viajes y aventuras vitales tuvieron el efecto de crear en nuestro personaje una personalidad más centrada, con una lógica relativización de los problemas sociales; quizás se ajustó a la realidad de un mundo cada vez más complicado. Se podría decir que el efecto fue que Ulises era cada vez menos iluso, quizás más maduro.

En la actualidad, nuestro amigo tiene todavía importantes cuentas pendientes, entre otras, la de su propia ubicación personal en un espacio que lo sintiera como propio. Lo que necesitaba era hacer un viaje interior que le ayudara a descubrir el punto de partida, el motivo por el cual se encontraba descolocado, extraño en una tierra en la que había nacido, donde había intentado integrarse y que, sin embargo, no se podía permitir sentir como propia. Es como un río que desemboca en el mar y que no sabes por dónde va, pero que, al menos, tienes que saber de dónde viene.

El Ulises de Homero viajando, atado en un mástil para no caer en los cantos de sirena

EL VIAJE DE ULISES

Nos encontramos en una clara noche de verano en la casa de campo de nuestro amigo, pasada de largo la medianoche, situados lejos de la contaminación lumínica de los núcleos de población. A Ulises, ese día le apetecía contemplar el firmamento con un viejo telescopio de difícil manejo por el movimiento en elipse de las estrellas. Bueno, ya sé que es por el movimiento giratorio de la tierra, pero permitidme ciertas licencias.

Normalmente, le gusta contemplar la luna, aunque en realidad como todos los lunáticos, lo que en el fondo le gustaría es contemplar la tierra desde la Luna. También apunta con su lente a las estrellas más luminosas, pero de tanto en tanto le atrae la idea de enfocar los espacios vacíos entre grupos de estrellas para descubrir nuevos astros inaccesibles.

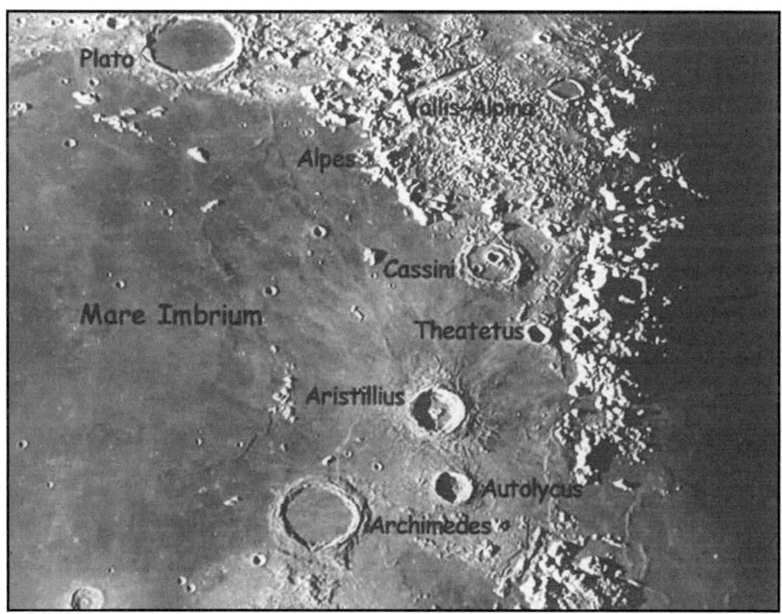

La experiencia de ver y entender la inmensa cantidad de astros colgando sobre nuestras cabezas resulta excitante.

Es difícil abstenerse, en una noche estrellada, de pensar en la magnitud de las distancias, partiendo imaginariamente desde millones de kilómetros de un astro lejano, hasta llegar a un punto de la orilla de nuestra galaxia, en donde se encuentra ese cuerpo celeste tan especial, azul y único, conteniendo las condiciones exactas para que podamos vivir en él.

¿Y qué me dicen en cuanto al tiempo?, ¿quién, en algún momento de su vida, no se ha parado en una noche clara y estrellada a intentar comprender no ya el lugar dentro de esa comunidad cósmica que es nuestra galaxia, sino el tiempo transcurrido necesario para que todo lo que vemos suceda aquí y ahora, para estar donde cada individuo está, en este momento?, ¿acaso no parece que todo lo que nos rodea tiene las medidas exactas para que sea posible nuestra existencia?, ¿no parece que todo cuanto nos rodea esté pensado para que el centro del universo sea ocupado por el hombre?

Porque Ulises pensaba que se trataba de eso, de encontrar fórmulas concretas que nos ayuden a comprender la verdad final, esa verdad que científicamente despeje el mayor secreto de la humanidad: ¿en qué consiste la existencia?, ¿qué es la vida? y, sobre todo, ¿cómo yo he llegado hasta aquí? Esta última pregunta, posiblemente, es la única que tenía una respuesta que estaba a su alcance. Entonces, ¿por qué no responderla?

Se acordó entonces de su padre, un emigrante andaluz que, junto a sus cinco hermanos, huyó de la miseria y del dolor de la posguerra. Pepe era un albañil de difícil carácter, castigado por una dura infancia y un largo éxodo, lejos de su entorno natural. El hombre a duras penas podía mantener a sus cuatro hijos: vivían hacinados en una casa alejada del centro de la ciudad, la situación familiar le sobrepasaba. Ese era el motivo, pensaba Ulises, por lo que siempre estaba de mal humor, pero ¿por qué lloraba cuando miraba una fotografía en donde se veía una mujer de ojos negros y con una frondosa mata de pelo? ¿Y qué pasó?, ¿por qué nunca hablaba de lo que ocurrió? Bueno, sabía que era su madre, que murió durante la guerra, pero ¿qué drama le llevó a sentir esa profunda pena por su ella? Y, sobre todo, ¿por qué jamás lo vio pisar una iglesia?

Su padre, como digo, era un hombre de agrio carácter; sin embargo, en las noches de verano de cielo abierto, se transformaba, le gustaba contar historias de su niñez al tiempo que tomaba el fresco junto a sus hijos. También le gustaba hablar de la casa grande de la calle Ancha de sus padres, heredada de su abuelo Juan Ramón, pero, sobre todo, se acordaba de su valiente madre, sin hablar mucho de ella, solo dejando claro que era una mujer entera con gran capacidad de trabajo y sensibilidad social.

Entonces, Ulises pensó que debería conocer más a fondo de dónde procedía para saber por qué se sentía extraño. Pensó en un reencuentro con sus antepasados que le permitiera reconocerse así mismo, es decir, un viaje a sus raíces a través del tiempo para investigar qué es lo que pasó exactamente y por qué tuvieron que emigrar sus padres, porque esa cuestión era, sin duda, el motivo de su falta de ubicación personal.

Esa noche estrellada, bien entrada la madrugada, decidió emprender varios viajes en el transcurso de unos meses, esta vez todos al mismo lugar.

El primer contacto directo con personas que tuvo en Málaga fue en el aeropuerto, con el encargado de AVIS, en el momento de formalizar el contrato del alquiler del vehículo. Se trata de un hombrecillo de baja estatura con el rostro redondeado, con algunos kilos de más, que, viéndolo llegar y mientras ordena la mesa del mostrador, sin levantar la mirada, se dirige a él, solo que su forma de dirigirse le resultaba familiar. Es como si oyera hablar a alguien de su familia. Bueno, cabe decir que no resulta exactamente novedosa, sino que le sorprende el hecho de que la forma de las expresiones, el tono de voz y el deje al final de las frases eran exactamente los mismos que utilizaban sus padres. Por tanto, no era una modalidad, digámosle, degradada de hablar o una variante del pueblo, sino que en esa región era general, de lo más normal; todo lo contrario de lo que estaba acostumbrado, donde el denominado idioma forastero de la modalidad andaluza tenía connotaciones negativas, barbarismos, comparados con el fino idioma castellano de la televisión o de la prensa.

Este es el primer impacto:

—¿Me deja su tarjeta de crédito para realizar el cargo, por favor? —Esta frase de uso comercial, tan fría, tan corriente, le sonó a música y, mirando al empleado, le sonríe con ganas de darle un abrazo.

—Claro, naturalmente... Cómo no —le dijo con cara sonriente.

El empleado levantó la cabeza con mirada de extrañeza, como de que se perdía algo y no sabía qué. Rápidamente, procedió a pasar la tarjeta, a rellenar los formularios de rigor, cabeceando de arriba abajo y de izquierda a derecha.

Indudablemente, el elemento del idioma materno aprendido cognitivamente en la familia como diferenciador de las personas es extraordinariamente potente. La lengua transmite exactamente quiénes somos, estableciéndose una especie de hilo conductor que une a las gentes. No solo es comunicación, es transmisión de valores, es la forma de entender el cosmos cultural y territorial de cualquier unidad lingüística.

Una vez dentro del coche, Ulises enciende la radio del vehículo, conectando con una emisora llamada Radiolé, en la que toda la música era autóctona, de la región; no me refiero a flamenco, sino a música pop, pero con el estilo de hablar y expresarse andaluz. El viaje en coche por la autovía, entre montañas, escuchando Radiolé, le parece muy agradable, una muy buena forma de introducirse en el nuevo ambiente.

Durante el trayecto, recuerda como hacía dos semanas, buceando por la red, encontró una web llamada *TODOS LOS NOMBRES*, en la que también figura el nombre de la Asociación para la Memoria Histórica y Contra el Olvido de Málaga. El presidente se llama Francisco Espinosa, es un historiador muy comprometido con la causa de recuperar la dignidad de los represaliados por la guerra. Se puso en contacto telefónico con él y, muy atentamente, no solo le confirmó que entre las víctimas se encontraba su abuela, sino que, además, le pasó información sobre el penal en donde fue presa política y también el día de la ejecución de la sentencia militar.

PREMIOS DÍA
DE ANDALUCÍA
MÁLAGA

La delegada del Gobierno de la Junta de Andalucía en Málaga, con motivo del Día de Andalucía, otorga la presente distinción a

ASOCIACIÓN CONTRA EL SILENCIO Y EL OLVIDO POR LA RECUPERACIÓN DE LA MEMORIA HISTÓRICA DE MÁLAGA

por su incansable búsqueda para devolver la dignidad robada.

María Gámez Gámez
Delegada del Gobierno

Málaga, febrero de 2009

JUNTA DE ANDALUCIA

Reconocimiento de la Junta de Andalucía a la labor de Francisco Espinosa y su asociación

—Hola, buenos días, ¿Francisco Espinosa?

—Sí, ¿qué hay? Ah, tú eres Ulises, ¿no? ¿Cómo va todo? Mira, he estado mirando el nombre que me pediste. Como has visto por el *e-mail* que te envié, los datos de la base coinciden con el nombre. Siento no poder aportar más información, pero, como ya sabes, en estos casos existe muy poca.

—Pero… ¿es seguro que se trata de ella?, ¿no puede haber confusión?

—Bueno, está claro que siempre puede haber errores, pero, en este caso, las listas con los nombres se obtienen del Registro Civil, concretamente, de un libro registral apartado de todos los demás, que, por cierto, nos costó bastante poder acceder a él por la poca colaboración de los funcionarios del Registro y de los juzgados militares. Pero sí, es casi seguro que los datos son correctos.

»De todas formas, me gustaría que, si un día vienes por Málaga, me llamases y habláramos con más tranquilidad del caso de tu abuela y de la labor que llevamos adelante en la asociación.

—Sí, claro, naturalmente. Estoy muy interesado en conocer lo más a fondo posible todo lo ocurrido. Muchas gracias y hasta luego.

—Hasta luego, hijo.

El hecho de la dificultad por encontrar información completa y segura de algo tan serio como es este asunto le intranquiliza e incluso le motiva para empezar la pequeña investigación sobre todo lo ocurrido en aquellos difíciles años. A los dos meses de contactar con F. Espinosa, recibió una convocatoria para asistir a la asamblea de la asociación que se celebraba en los locales de la diputación; y allí estaba, circulando por la autovía de Málaga a Sevilla, en donde se encontraba la comarca de Antequera y el pueblo de sus padres, escuchando una alegre música de estilo andaluz y recibiendo un aire fresco pero seco, típico de la llanura del centro de Andalucía.

Al incorporarse al desvío de Fuente de Piedra, negocia las últimas dos curvas; derecha…, izquierda… y ya estamos entrando en el pueblo. Se trata de una aldea de casas bajas con calles limpias, con buenos servicios y todo lo necesario para vivir confortablemente. Por lo visto, no era el único que pensaba eso, a juzgar por la gran cantidad de adosados, pareados y chalés emboscados que se divisan a los lados derecho e izquierdo del pueblo. Se dirige al centro, siguiendo los indicadores perfectamente colocados. Al llegar, comprueba que el pueblo está bien conservado, sin construcciones de estilo moderno que enturbiaran la estética de pueblo andaluz. El centro está compuesto básicamente por una calle ancha, la mitad de la cual, la del lado izquierdo subiendo hacia arriba, es peatonal. En esa ubicación, justamente, se encuentra el ayuntamiento, en el centro de las casas más grandes.

Decide aparcar y salir del coche. Enciende un habano y lentamente, como si le diera pereza, empieza a recorrer las calles de ese, para él, extraño lugar.

Le llama la atención una antigua fábrica embotelladora de aceite que está prácticamente en el centro, lo que demuestra la importancia no solo de esa industria alimentaria. El paseo continúa hacia las calles menos céntricas y, de pronto, otra sorpresa: una de las placas indicadoras de las calles contiene un nombre muy familiar, calle de Pepín A…

—Joder… —se le escapó—, esto promete.

Eso lo anima a continuar sus pesquisas y a introducirse en el bar de la esquina de la calle Ancha, con terraza exterior en la entrada, pero sin mesas en ese lugar. En el interior, están sentadas varias personas, casi todas mayores. Se acercó a la barra y pidió un cortado a una persona muy delgada de unos ochenta años, que está detrás de la barra haciendo las funciones de camarero.

—Oiga, por favor, ¿me puede decir, si no le importa, si conoce a alguna persona que tenga el apellido A… en el pueblo?

-Buenooo…, aquí hay muchas personas que se llaman así —contestó el hombrecillo delgado de detrás de la barra—. Mira, ahí mismo hay uno sentado tomando un café con leche.

—Ah, ¿sí? —dijo Ulises admirado.

—Juan, ven.

El tal Juan se acerca y pregunta al forastero qué es lo que quería.

—Disculpe, pero no es que quiera nada en concreto, simplemente resulta que mis padres son de aquí y tengo interés en conocer un poco el pueblo. ¿Usted se llama A…? Porque yo también tengo ese mismo apellido.

—Sí, pero ese es un apellido muy común por aquí, ¿cómo se llamaba tu padre?

—José, pero todos le decían Pepe. Emigraron a Mallorca en los años cuarenta. Su segundo apellido es P…

—Ese también es un apellido muy común, incluso más que el primero. Desde luego, no es familia mía, ya que no tengo parentesco con nadie que tenga ese segundo apellido —añadió—. Sin embargo, al otro lado de la esquina, en esa pequeña oficina, encontrarás a un hombre que se llama Pedro Montero, es quien más sabe del pasado de la gente del pueblo. Bueno, veo que ahora no está, pero casi siempre lo encontrarás ahí —dijo Juan mirando a través de la ventana del fondo, apuntando con el dedo.

—Bueno, muchas gracias por todo. Ulises pagó el cortado y se despide utilizando la mano, levantando el brazo—. Hasta luego.

La curiosidad iba en aumento. Al alejarse cuesta arriba hacia la calle Ancha, pasó justo al lado de la fuente que daba nombre al pueblo. Por lo que supo después, era una antigua fuente de aguas supuestamente medicinales, que curaban dolencias del riñón y cosas así, que, antes de incorporar el agua corriente al pueblo, tuvo la importante función de abastecer del preciado líquido a sus habitantes. Por detrás de la fuente, ascendió los diecinueve escalones que se necesitan para incorporarse a la parte peatonal de la calle principal, para dirigirse al ayuntamiento. Se trata de una antigua escuela de niñas adaptada a la función municipal, antigua y bien conservada por fuera y restaurada y acondicionada por dentro.

Al entrar, tuvo la sensación de haber estado allí antes. Lo primero que te encuentras en la pared de la izquierda es un tablón de anuncios bien surtido de diferentes tipos de comunicaciones. A la derecha, frente al tablón, una pequeña barra de atención al público guarnecida por un funcionario, sentado detrás de una mesa, con un biombo separador de la siguiente dependencia, también con mesa, funcionaria y una fotocopiadora Canon. Frente a esta segunda mesa, una puerta más grande de lo normal con un letrero que rezaba: «Alcaldía». La siguiente estancia, justo al frente de la entrada, es una especie de pasillo con amplias escaleras al frente que da a una salida al exterior por la parte de atrás. A la derecha, otras escaleras, estas más estrechas, que te transportan a la planta superior. El conjunto transmitía su origen de escuela por las paredes alicatadas hasta un metro de altura con vistosos azulejos blancos y azules.

—Hola, ¿puedo hablar con alguien para una información sobre el Registro Civil? —dijo al primer funcionario.

En ese momento, se aparta de la segunda mesa el hombre que ocupaba la silla contigua y salió de detrás del biombo, rodeando la mesa una mujer de mediana edad y grandes ojos negros, vestida elegantemente con ropa de marca, con unos ajustados vaqueros que se acercaban sinuosamente al lugar donde se encontraba Ulises.

—Hola, ¿qué tal? —le dijo sonriendo con el tono de voz y el deje final que le resultaba tan familiar—. Soy la secretaria del alcalde, ¿querías algo?

—Bueno, estoy interesado en conseguir información sobre unas personas nacidas aquí hace muchos años. Por ejemplo, me interesaría obtener el acta de nacimiento, ¿es posible?

—Pasa —dijo con voz firme pero amable—. Siéntate, dime los nombres y más o menos la fecha de nacimiento, veré si los encuentro.

Al cabo de unos minutos, ya tenía las dos copias de las actas de nacimiento de su padre y de su abuela. La elegante secretaria aporrea con un cuño las fotocopias para darle oficialidad, mientras, por la espalda, se abre la puerta de forma enérgica y sale el alcalde, solicitando la presencia de su secretaria. Se trata de un hombre tremendamente joven y dinámico, típico de una nueva generación de políticos sin complejos, que tienen una mentalidad y formas de actuación que se distinguen más por la buena gestión que por su compromiso ideológico. Se llama Cristóbal Fernández, pero sus amigos le llaman Cristo… Será algo premonitorio, supuso.

Saludó atentamente a Ulises. Este se presentó como un compañero de partido y antiguo teniente de alcalde de su ciudad.

—¡Ah, fantástico! Mira, ¿por qué no vienes mañana, que tendré más tiempo, y tenemos una charla?, ¿vale?

—Vale —contestó.

—¡Hasta mañana! —le dijo la secretaria con una gran sonrisa.

Ulises sale de la antigua escuela y leyó el acta de nacimiento de su padre:

—Vamos a ver… Nació en calle Ancha, número quince. —Se gira, mira el dintel superior de la puerta del ayuntamiento y comprueba que, bajo las banderas de España, Andalucía y Europa, se distingue el número nueve; por lo tanto, el quince no estaba lejos, solo tres casas más arriba—. Vamos a ver… El once, el trece y el… diecisiete. ¿El diecisiete? Y… ¿dónde está el quince? —Entonces advirtió que, mientras los demás números de las calles estaban justo encima del dintel de la puerta de entrada, el 17 estaba sobre la puerta de una cochera anexa y que el número 15 no existía, pero sí estaba el espacio donde seguramente estuvo colocado en su día.

La casa en cuestión es de adobe y está en ruinas, lo que demuestra su antigüedad. Tiene los interiores apuntalados, la puerta y las ventanas medio rotas. Se acercó al edificio y comprueba que, mientras la casa es vieja, la cochera era de construcción mucho más reciente, por lo que dedujo que, antiguamente, la casa hacía esquina, que el número diecisiete pertenecía al solar contiguo, donde se construiría la cochera, la cual, mediante la reordenación del número y del ordenamiento urbano, habían añadido a la casa.

Ulises pensó que aquello era muy extraño, hizo unas fotos con su vieja cámara réflex y se dirigió a ver a Pedro Montero, que fue alcalde del pueblo por Alianza Popular, para ver si él sabía algo sobre la casa en que nació su padre.

Se acerca a la pequeña inmobiliaria de la esquina contraria del bar de la calle Ancha y, al ver la puerta abierta, pide permiso para entrar.

—¿Hay alguien?

—¿Quién es? —preguntó una voz gruesa desde dentro—. Pase.

—Hola, ¿qué tal? ¿Me puede usted ayudar sobre una información que necesito? Me han dicho que usted es el que más sabe sobre la gente de aquí.

—Bueno, la gente habla mucho. Por lo que veo, es usted forastero —dijo el hombre mayor, de gran corpachón, sentado tras una mesa totalmente desordenada, con papeles por todas partes—. Siéntese.

—Sí, soy forastero, y lo curioso es que, en el sitio desde el que vengo, también lo soy. En fin, quería saber si sabe algo sobre la casa de la calle Ancha que tiene el número 17.

—Claro que lo sé, esa casa es mía. Bueno, compartida con otros diecisiete propietarios, todos ellos familiares míos.

Ulises quedó sorprendido, pero inmediatamente le dijo:

—Allí, cuando era el numero quince, nacieron mi padre y todos sus hermanos, emigrados a la isla de donde procedo y que me consta que era de su propiedad.

Le enseña el acta de nacimiento para reforzar su argumento. Entonces, el viejo hombre, de voluminoso cuerpo, se gira, metiendo la mano dentro de una cartera, de esas que se utilizan para llevar documentación. Saca una carpetilla amarilla y, de dentro, se apodera de unos recibos de contribución que le enseña, apoyándolos sobre la mesa, girados hacia él; y apuntando con el dedo sobre la dirección que encabezaba el recibo oficial, le dice:

—Mira, ¿ves? Tengo todos los recibos de la contribución pagados desde hace muchos años.

—A ver… Sí, es cierto, pero aquí pone que son del número diecisiete, a mí lo que me interesa es el número quince.

—Ese número no existe, desde hace tiempo, pero si lo que quieres es encontrar una vivienda o un solar en el pueblo, te daré el teléfono de mi yerno, que tiene una inmobiliaria muy solvente y te encontrará algo que te guste.

—Bueno, es igual, ya veremos. De momento, lo dejamos así y ya nos pondremos en contacto en otra ocasión. Venga, hasta otra —se despidió con una estrechada de manos.

Ulises no se puede creer lo que ha oído, ya que tiene la certeza de que se había modificado el ordenamiento municipal, eliminando el número 15. Se fue hasta el coche, decidido en ir al Registro de la Propiedad de Antequera a pedir una nota de registro de la finca, para ver quién era el propietario realmente. Pero en el Registro de la Propiedad le indicaron que no tenían datos de esa finca.

«Creo que mañana hablaré de todo esto con el alcalde», pensó Ulises.

Al día siguiente, por la mañana, después de pasar la noche en el hotel Colón de Antequera y de tomarse un buen desayuno en la cafetería de enfrente, de nuevo se dirige al ayuntamiento a visitar al alcalde.

—Hola, buenos días, he quedado con el alcalde.

Al sentir estas palabras mágicas, aparece de detrás del biombo la atractiva secretaria de los ajustados pantalones vaqueros y se le acerca con su sinuoso andar.

—Buenos días, tendrás que esperar un poco porque tiene una entrevista con unos periodistas —le dijo con la voz amable que caracteriza a las secretarias de los alcaldes—. Pasa por aquí y siéntate, por favor.

—Sí, claro, no hay problema. —Y la verdad es que no lo había, porque la presencia de la mujer le resulta muy agradable, se siente como uno de los suyos.

Después de sentarse, le pregunta si conoce la publicación de algún libro o similar sobre la historia reciente del pueblo.

—Naturalmente que sí —dijo—. Verás, mi marido es coautor de un libro de memoria gráfica del pueblo. Son básicamente fotografías desde los años cuarenta para acá, pero creo que da una buena imagen de lo que es el pueblo.

—¡Bien! ¿Como puedo conseguirlo?

—Eso es más dificil, porque el que estaba en la biblioteca se lo llevaron y no ha vuelto a aparecer, pero si mañana te acercas, te traeré uno que tengo en casa. Mira, te lo dejaré en la oficina de turismo del Prado.[12]

—No sabes cómo te lo agradezco.

[12] Antiguo nombre de la plaza de la Constitución, donde se encuentra la famosa fuente.

Justo en ese momento, aparece el alcalde:

—Pasa, por favor.

Entró en un despacho amplio, cómodo, pero sin lujos; y se sentaron en una mesa redonda.

—Bueno, verás, resulta que fui a ver a Pedro Montero, para interesarme por la casa con el número quince de esta misma calle, que es donde nacieron mis tíos y mi padre, y me dice que es de su propiedad. Algo nada anormal, si no fuera porque, sobre el dintel de la puerta, no aparece el número quince y, además, el diecisiete está sobre la puerta de la cochera construida como un anexo. ¿Sabes algo?

—Esto es una larga historia, te cuento —le dijo el edil—. Como sabes, antiguamente, no se solían escriturar las fincas, sino que se vendían o compraban mediante un documento escrito a mano bastanteado por un notario y nada más. Entonces, resulta que la propiedad de la casa no está clara, tanto es así que justo estos días ha salido una sentencia por un litigio sobre la propiedad de la finca. Deberías hablar con la persona que tiene el litigio con Pedro Montero, que es una buena amiga mía. Ella te podrá indicar cómo están las cosas o, por lo menos, cómo entiende ella que están. Si quieres, ahora mismo la llamo.

—Sí, por favor. ¿Sabes qué pasa? Que mi padre nos habló mucho de esa casa y, además, estoy convencido de que era de la familia desde antes la guerra —le dijo Ulises mientras el político marca un número de teléfono al tiempo que mueve nerviosamente la pierna derecha de arriba abajo, apoyado en la puntera.

—Hola, ¿eres Mari Luz? Mira, que tengo aquí a un compañero de partido que es de Mallorca y me comenta cosas sobre la casa que tú compraste de la calle Ancha. ¿Te parece bien que venga a verte? Bueno, un saludo y hasta luego.

»Bueno, pues nada, te estará esperando. Ella está en Mollina y es la gerente de la oficina de Desarrollo Europeo de la comarca.

Se despidieron con un fuerte apretón de manos, quedando a verse en otro momento.

Mari Luz Olmedo es de esas personas que te caen bien con tan solo verlas, transmite responsabilidad, seriedad y un cierto encanto personal. Le espera en la puerta y enseguida le introdujo en el despacho.

Una vez sentados y hechas las presentaciones de rigor, Ulises la puso al día trasmitiéndole la intención de su visita. Ella se puso seria y le dijo:

—Acabo de perder un juicio referente a la propiedad de esa casa por la cobardía del juez, ya que Montero es una persona influyente. Evidentemente, pensaba que esa casa era de alguien a quien yo la compré por sesenta mil euros. Esta cuestión me produce un serio problema, ya que pensaba construir mi residencia en ese solar y era un proyecto personal para vivir toda la vida.

Ulises le cuenta la misma historia que a Pedro Montero. Finalmente, le comunica que volverían a hablar más adelante, pues pretendía esclarecer todo lo referente a la casa de la calle Ancha.

Volvió de nuevo al lugar sin número. Se sienta frente a la semidestruida puerta, sobre una barandilla de piedra que separa la zona peatonal de la calzada, recordando el testimonio de su padre. Siente los sonidos, los llantos de los niños y las voces de los que fueron a detener a la maestra de la frondosa mata de pelo color azabache. Imaginó el palidecido rostro de esa valiente mujer y de las que la esperaban justo allí, sobre un camión sin toldo, de pie, preguntándose «¿Por qué?». No pudo evitar una profunda pena mientras contempla la desolada casa de su familia.

Pero Ulises tenía otra cita con el pasado y con Francisco Espinosa, en el cementerio de San Rafael, en Málaga; hacia allí se dirigió. Este antiguo cementerio, inutilizado desde hacía tiempo, se encuentra en una zona del extrarradio de la ciudad, rodeado de urbanizaciones, carreteras, polideportivos y de un recinto ferial. Es como un oasis en un tumulto de construcciones, asfalto y equipamientos. El Ayuntamiento recibía presiones para su recalificación, pero, gracias al buen hacer de la asociación, eso no fue permitido.

Entre la vorágine de coches, sin esperarlo, se encontró con una especie de terraplén rodeado de un muro blanco y viejo, con una puerta medio derruida que no escondía el paso del tiempo y de la dejadez.

Aparca el coche frente al muro la izquierda en una antigua morgue ve un letrero: «ASOCIACIÓN PARA LA MEMÓRIA HISTÓRICA Y CONTRA EL OLVIDO DE MÁLAGA».

Se acerca, pregunta por Francisco Espinosa y alguien que aparentemente hacía una especie de guardia le pregunta:

—¿Ha quedado usted con él?

—Sí, claro, naturalmente…

—Pues vente conmigo.

Al atravesar la gran puerta del cementerio, Ulises siente una especie de temor a lo desconocido; al mismo tiempo, siente como si algo lo empujara para adentro y le susurrara al oído una frase hecha de aire, sin timbre de voz: «Ven y verás el horror…».

Sintió un escalofrío que le recorrió la espalda en el momento en que sus pies cruzaron el umbral del cementerio.

Se le acercó un hombre con cara de no poder atender a todo y a todos. Le preguntó quién era, pero inmediatamente dijo:

—Ah, sí, eres Ulises. Perdona, pero es que, como sabes, por la tarde tengo la asamblea y estoy muy liado. Andrés, enséñale a este hombre las fosas.

Andrés le acompaña y, ante sus ojos, aparece una enorme fosa común vacía como de seis metros de largo por cuatro de ancho.

—Mira, aquí detectamos cuatro niveles de cadáveres que hacen un total de doscientos treinta ejecutados en la guerra…

A unos treinta metros más al norte, bajo unas carpas como de tiendas de campaña, se encuentra otra gran fosa común. Estaban en pleno trabajo de recuperación de cadáveres, había diez o doce voluntarios, estudiantes de Arqueología dirigidos por el director arqueólogo de la Universidad de Granada. Hay cadáveres con las muñecas atadas a la espalda con alambre, cráneos perforados retorcidos entre la tierra por el tiro de gracia, algunos restos de ropas oscuras medio podridas por la cal viva, etc.

De vez en cuando, algún joven estudiante se yergue mostrando algún resto personal que podría permitir la identificación por parte de sus familiares, como, por ejemplo, la hebilla de la correa del pantalón, un zapato, algún anillo o alguna medalla que se escapara al saqueo de los enterradores.

Fosa n.º 5 tras haberla delimitado y detectado el nivel 1. Al fondo, se observa la fosa n.º 4, donde se trabaja en el nivel 7.

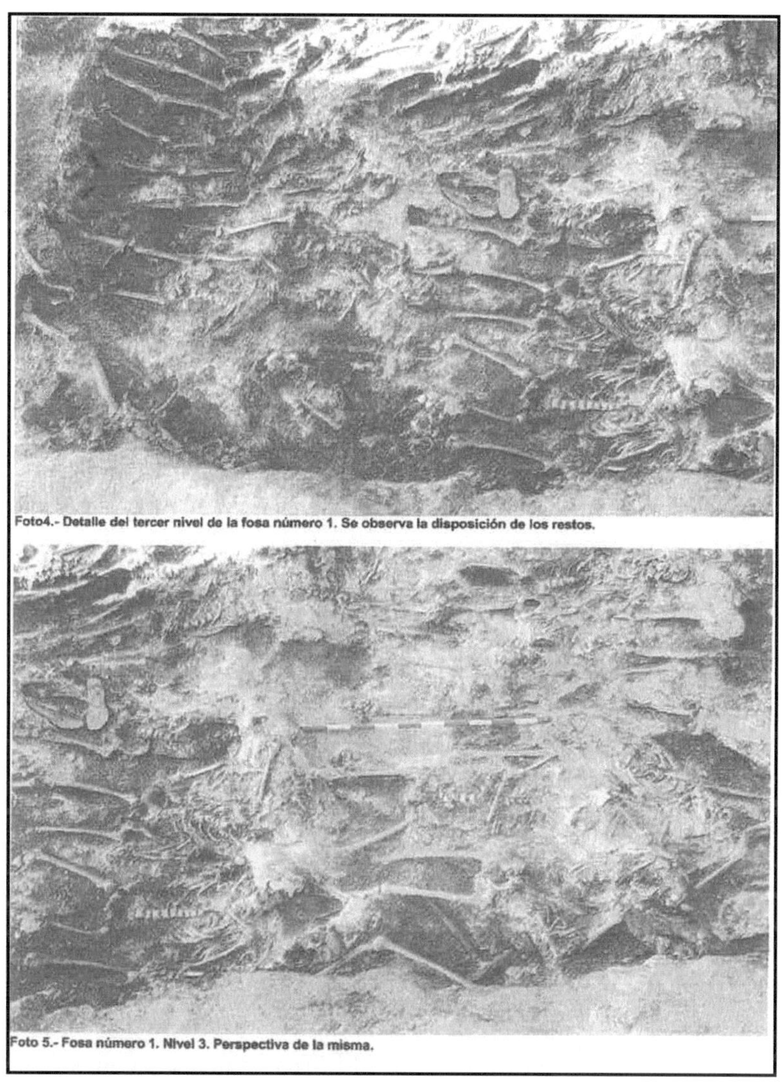

Foto4.- Detalle del tercer nivel de la fosa número 1. Se observa la disposición de los restos.

Foto 5.- Fosa número 1. Nivel 3. Perspectiva de la misma.

Los cadáveres eran tratados con gran respeto y delicadeza, se emplea en todo momento instrumental de arqueología, se clasifican y son introducidos en cajas del tamaño del hueso más grande, que es el húmero. Una vez clasificados, se rellena una ficha con todos los datos sobre la ubicación y otros que permitan la posterior identificación y se incorporan a la caja.

Andrés le dijo que tan solo en el cementerio de San Rafael se habían exhumados 1500 cadáveres en seis grandes fosas comunes y que eso solo era una parte de lo que ellos suponían que se iban a encontrar, porque no existe ningún tipo de registro ni nada que les pueda ni siquiera indicar una cantidad aproximada de personas ejecutadas, por supuesto, todas anónimas, sin placa, sin nombre, sin nada que indique el más elemental de los respetos a un fallecido.

—El cálculo que hacemos es de aproximadamente 3500[13] fusilados entre febrero de 1937 y finales de los años cuarenta, solo en este cementerio —le dijo Andrés—. Bueno, ya es suficiente, vamos fuera.

Al llegar a la salida del cementerio, Francisco Espinosa le dijo:

—Ven, acércate a la tapia de piedra del cementerio, comprobarás como todavía están los impactos de las balas en ella. Por allí pasaron todos antes de enterrarlos dentro.

Ulises se acercó hasta un metro del muro, tocó con las yemas de sus dedos los impactos de la pared y se giró hacia el sur; estiró el cuello todo lo que pudo, intentando inútilmente ver el mar por encima del caos urbano. En ese momento, una suave brisa proveniente de la costa le acarició la cara, moviendo suavemente el pelo de su frente; cerró los ojos e intentó revivir el dramático momento del final de una vida, pero, sorprendentemente, le desapareció el horror por las escenas contempladas en el interior del cementerio. Estaba tranquilo, notó paz interior, mientras Andrés le decía algo que no supo muy bien lo que era.

---

[13] Datos de la Asociación para la Memoria Histórica y contra el Olvido de Málaga.

Ulises[14] se había encontrado a sí mismo, se sentía como uno más de los habitantes del pequeño pueblo de la laguna; como uno más de los nietos de Vicenta, la valiente mujer de los ojos negros y de la frondosa mata de pelo color azabache, la maestra que perteneció al PSOE[15] y que murió por defender sus ideas de paz, igualdad y solidaridad con aquellos que no tienen nada.

Al terminar su viaje, su aventura al pasado, Ulises, sentado en la mecedora de la terraza de su casa en el campo, se contestó a sí mismo la única pregunta con respuesta de las tres preguntas vitales: ¿quién era?, ¿de dónde venía? «¿Es hermoso tu país?», se preguntó. «Sí, las gentes de allí tienen el corazón duro, pero bueno. De hecho, la trágica pero emocionante defensa del Estado republicano en Málaga es la más heroica acción de dignidad que he oído nunca. El pueblo, con los brazos desnudos, sin nada, pero con el pecho abierto, hizo frente al más devastador poder que ha existido jamás sobre la tierra. Ese poder que es capaz de influir en los sentimientos de los corazones de los hombres con el inmenso poderío de sus catedrales, el mismo poder que alentó la furia militar aprehendida y acumulada durante siglos de cruel cultura de imperio».

---

[14] El personaje de Ulises es un personaje de ficción, pero podría ser el de cualquiera de los nietos de Vicenta. Los nombres anteriores a la guerra civil de las personas que aparecen en los diálogos no son auténticos si no llevan la fuente de la información. Las personas con las que habla Ulises son reales, así como el relato del viaje al pueblo. Espero que nadie se sienta ofendido por ello.

[15] Procedimiento sumarísimo de urgencia n.º 65 del juzgado n.º 16 del Ejército español, plaza de Antequera.

Para: Su majestad el Rey de España

De: El nieto de una mujer decente ejecutada por un tribunal militar

El Estado español, a través del juez Baltasar Garzón, ha tomado la iniciativa de recuperar judicialmente los lamentables hechos ocurridos durante la guerra civil y la posterior represión por parte del Estado. Me refiero al Estado porque el poder judicial es parte inconfundible de ese Estado y, por tanto, heredero y responsable legal de sus acciones del pasado. Parece bastante claro que cualquier injusticia del pasado cometida por el propio Estado debe ser reparada por este, el caso contrario sería una justificación o reforzamiento de la injusticia.

En esencia, la iniciativa del juez Garzón tiene ese deber reparador del Estado y provoca el confortamiento personal y social de las familias afectadas, pero al mismo tiempo tiene un defecto de forma que es fundamental: la falta de adaptación a la voluntad de los familiares. Se ha traspasado la línea roja de separación entre la reparación del hecho judicial erróneo y el paso de gigante que supone la depuración de responsabilidades civiles. Pasar esa línea es un error de forma y también de fondo, porque los responsables directos murieron o tienen una edad muy avanzada y, por tanto, es una acción extemporánea y un tanto inexplicable.

En las consciencias de los familiares de las víctimas perdura el dolor del error de un Estado que no se hace responsable de unos hechos que cometió en representación de todos los españoles y de las instituciones de ese momento histórico, pero en muy pocos casos encontramos familiares afectados con deseos de emprender litigios contra quienes, voluntariamente o por orden de sus superiores, aplicaron unas sentencias condenatorias absurdas. Por tanto, el enfoque de la depuración de responsabilidades individuales ha prescrito en la memoria colectiva de las víctimas y también en la memoria oficial con la ley de amnistía y con la implantación de la democracia. Lo que no prescribe ni puede prescribir nunca por la dignidad de quienes fueron injustamente condenados es la responsabilidad colectiva del Estado frente a los derechos individuales de las personas sentenciadas.

La forma correcta de ejercer la función reparadora debe ser la anulación de todas las sentencias condenatorias emitidas por tribunales militares a personas civiles, solo mediante ese gesto el Estado puede corregir el error cometido bajo un régimen político distinto al actual. Cabe, según mi opinión, una acción conjunta de los diferentes poderes, el legislativo, el ejecutivo y el judicial, coordinados por el propio jefe del Estado para la superación definitiva de una deuda inaplazable con una parte de la población española. Solo ese gesto institucional puede devolver la dignidad a quienes se sienten maltratados. Mientras tanto, no seremos todos iguales frente a la ley.

Siguiendo este mismo enfoque, los nietos de las víctimas, al no haber sufrido directamente el trauma de la guerra civil y la posterior represión del bando ganador, tenemos la obligación de intentar lograr que las cosas sean lo más parecidas posible a la normalidad. Los nietos de personas ejecutadas injustamente por el Estado debemos reconocer que la corona es una buena forma de ejercer la jefatura del Estado y la corona debe reconocer como propio al pueblo que la sustenta, a todo el pueblo, incluso a aquella parte que no cree en ella.

Yo, Francisco Acuñas Espejo, nieto de Vicenta Pachón Gómez, maestra de escuela, natural de Fuente de Piedra y madre de cinco hijos, emigrados todos ellos a Mallorca, en representación de todos sus nietos, pido al jefe del Estado español que sea restituida la memoria y la dignidad de mi abuela mediante la anulación de la sentencia que le produjo la muerte por armas de fuego el 29 de octubre de 1937 en el cementerio de San Rafael de Málaga.

Atentamente y con todo respeto:

Este pequeño trabajo está dedicado a la memoria de Vicenta, la valiente maestra de ojos negros y frondosa mata de pelo color azabache, cuyo nombre se merece la admiración y el respeto de las gentes de Fuente de Piedra y el orgullo de sus nietos y de toda su familia.

Paco Acuñas

A TODOS LOS SOCIOS, PERSONAS Y COLECTIVOS INTERESADOS EN LA RECUPERACION DE LA MEMORIA HISTÓRICA Y EN LA DIGNIDAD DE LAS VICTIMAS DEL FRANQUISMO:

Por acuerdo de la Junta directiva de la Asociación contra el Silencio y el Olvido y por la Recuperación de la Memoria Histórica de Málaga, celebrada el día 10 julio 2008, se ha acordado emitir el siguiente:

COMUNICADO

Ante la aparición de diversos correos electrónicos emitidos por la miembro de esta Asociación Dª Rafaela Torres Jiménez, en concreto el miércoles 9 de Julio 2008, y anteriormente, solicitando entre otras cuestiones el apoyo solidario a la también miembro de esta Asociación Dª Juliana Sánchez, y recogida de firmas, pasamos a manifestar lo siguiente:

1. En el correo electrónico en el que la socia Rafaela Torres Jiménez solicita vuestro apoyo, aparece encabezado con el siguiente titular: «La Memoria Histórica de Málaga os solicita vuestro apoyo», con lo que parece atribuirse el concepto de la Memoria Histórica de Málaga. El concepto Memoria Histórica trasciende de dicha persona, incluso de las Asociaciones de recuperación de la Memoria Histórica, y está integrado por las VIVENCIAS, SENTIMIENTOS, sufridos por todas y de las personas que padecieron persecución, cárcel, exilio y re-

presión en la guerra civil y la dictadura franquista así como por todas aquellas personas que lucharon y luchan desde los diversos ámbitos por recuperar la dignidad de dichas víctimas y que su nombre y su memoria no quede en el ostracismo y el olvido, Rafaela Torres no es más, como esta Asociación, que un eslabón en esa lucha.

Dicho lo cual también se comunica que la legítima representación de aquellas personas que han decidido voluntariamente unirse en la consecución de tales fines la ostenta la Asociación de acuerdo con sus estatutos y el principio de representatividad democrática.

2. En uno de los correos el primero enviado por Rafaela Torres literalmente se manifiesta «la abuela de la A-4 en la calle» refiriéndose a Dª Juliana Sánchez, bajo ese sensacionalista título, hemos de decir lo que sigue: Indudablemente Dª Juliana Sánchez por su actitud, su lucha y su sacrificio constituye y lo seguirá siendo un símbolo de ésta Asociación pero también lo son todos y cada uno de los miembros de la misma en su inmensa mayoría, con familiares fusilados y que vienen realizando una labor asimismo encomiable.

Hay que hacer un breve recordatorio sobre todo a los que no sois miembros de la Asociación, pues los miembros de ésta, sobradamente saben de lo acaecido. En principio y cuando las obras de exhumación iban a iniciarse a mediados de octubre 2006 se consiguió que por parte de Parcemasa (empresa cementerios del Ayuntamiento de Málaga) se cediera una habitación a la entrada del cementerio donde los miembros de la Asociación instalaron un punto de información y encuentro hacia aquellas personas que pudiesen acudir por el cementerio. En esa situación se estuvo hasta mediados del mes de marzo de 2008, siendo los miembros de la Asociación los que establecieron un turno en tal sentido.

Esta Asociación ya desde antes del inicio de las exhumaciones ha venido desempeñando un ingente trabajo tanto de información, darse a conocer, entrevistas con partidos políticos, extender la misma a todos los ámbitos y por supuesto conseguir los fondos necesarios para tan ingente tarea, firmando acuerdos con la Administración central (conseguimos la mayor financiación del Gobierno en las subvenciones del programa de recuperación de la memoria Histórica).

Logramos que la Junta Andalucía, el Ayuntamiento y la Universidad aportaran asimismo tanto económicamente como con equipos de trabajo en la exhumación, celebrando acuerdos en tal sentido y en esa tarea estamos a fin de evitar lo que actualmente ha sucedido en una exhumación que se paralizó por falta de medios en un pueblo de Sevilla.

Pues bien, a pesar de todo y ante la mayor exhumación que se está realizando en España, los medios económicos siempre son escasos; por ello la Junta Directiva decidió que dicha habitación acogiese «cajas vacías» que se hallaban en dos casetas de obra en el interior del cementerio, con lo que lograríamos ahorrarnos aproximadamente 400 Euros al mes por el alquiler de las mismas. Dicha propuesta fue estudiada y aprobada por la Junta directiva, celebrada el 13 de marzo 2008. Se acordó remitirla a la Asamblea que se celebró el 3 de abril 2008 (después Semana Santa) ya previamente se habían enviado las cartas para la celebración de la Asamblea pero aun así se acordó que se trataría el tema en la misma. Hemos de manifestar que ya y nada más aprobarse por la Junta directiva lo expuesto anteriormente, se comunicó por teléfono con los socios que estuvieran de información en la habitación a fin de que no acudiesen; poniéndose en ese instante un cartel dirigido a todas aquellas personas que acudiesen a interesarse por la exhumación un teléfono del equipo de arqueología, para que abriese la puerta e informase a dichas personas, así como el teléfono de varios miembros de la Asociación en el mismo sentido. Nadie, absolutamente nadie que haya acudido, ha tenido dificultad alguna a fin de solicitar tal información.

Pues bien, en la Asamblea celebrada el 3 de Abril, además de la información del trabajo desarrollado, de cómo iban las exhumaciones y de otros temas, se dio puntual cuenta del acuerdo de la Junta Directiva y se manifestó si existían otras propuestas y si algún miembro de los asistentes quería manifestar algo en tal sentido, pues bien, en dicha Asamblea ni siquiera por parte de Rafaela Torres que estaba presente (no así Dª Juliana Sánchez) se hizo propuesta alguna ni se manifestó nada al respecto, por lo que la propuesta se aprueba al no existir alternativas ni manifestarse nada en contra. Estaban presentes aproximadamente ochenta socios en dicha Asamblea.

Hemos de manifestar que nada más acordarse el destino de la habitación y en concreto por el director del proyecto de exhumación y consciente principalmente de la situación de Dª Juliana Sánchez se le ofreció el, estar en una de las casetas acondicionadas para el equipo con aire acondicionado para hacer más llevadera su estancia sin que se manifestase nada al respecto.

3. En uno de los correos, en concreto en el que se atribuye Rafaela Torres la representación de la Memoria Histórica de Málaga, se manifiesta que debe prevalecer el derecho de los familiares a acompañar a los suyos ¡faltaría más! En ningún mo-

mento ni por la Asociación ni repito, por el equipo director del proyecto, se ha obstaculizado ni impedido tal derecho; pues todos o casi todos, repito, tenemos familiares en dichas fosas. Otra cuestión y se tratará al final del comunicado, es la actitud que ella ha tenido con miembros del equipo de exhumaciones. Rafaela Torres no debería atribuirse la representación de los familiares que acudan al cementerio ni por supuesto, porque no la ostenta, la de los familiares que integramos la Asociación.

En el referido correo, se manifiesta que han sido insultados por ello, negativa categórica. Comprendemos a los que de buena fe habéis firmado el manifiesto, sin saber nada más que la versión de Rafaela Torres hasta nosotros lo hubiéramos firmado, pero lo que nunca podremos hacer es infringir un acuerdo de una Asamblea, cuestión ésta que es obviada por la Sra. Torres.

4. Además de ser grave lo reiterado anteriormente ahí no acaba la cosa, en uno de los correos se manifiesta que el Sr. Presidente en una actitud despótica decidió entregar las llaves del cuarto en cuestión a Parcemasa. Sin embargo, oculta que, a pesar del acuerdo de la Asamblea, ella empezó a mandar correos a algunos miembros de la Asociación a fin de reanudar las guardias de información, llamando por tanto a incumplir los acuerdos de la misma.

Dicha actitud, por su parte, se puso de manifiesto el día que se iban a entregar las llaves del cuarto (que por cierto estaba destinado a vestuario y aseo del personal de vigilancia y de cementerios) a Parcemasa, cuando manifestó al arqueólogo su intención de encerrase en el mismo.

Rafaela Torres, tras la celebración de la asamblea, en la que no dijo nada cuando se trató el acuerdo del cambio de uso del espacio para las guardias, mandó una carta al Ayuntamiento, explicando lo que reiteradamente se ha manifestado, respondiendo el Ayuntamiento también a esta Asociación que el cuarto es propiedad de Parcemasa y estaba cedido provisionalmente a la Asociación y que por lo tanto se pusiera de acuerdo con la misma. Es decir, el propio Ayuntamiento está reconociendo la legitimación de la Asociación. Pues bien, asimismo, se puso en contacto con, entre otros, el Grupo Municipal de IU para manifestarle sus reflexiones, dicho grupo por supuesto la escuchó tomó nota de sus posiciones y se puso en contacto con la Asociación la cual le manifestó el acuerdo de la Asamblea y que se había propuesto que la Sra. Juliana pudiese si quisiese estar en la caseta acondicionada en el recinto; mostrándonos el grupo el total apoyo a la Asociación y a los acuerdos democráticamente aceptados.

5. A fin de encontrar acuerdos pues creíamos y creemos obviamente en lo que a todos nos une a la Junta Directiva facultó a una comisión integrada por el Sr. Somoza; Sr. Sánchez Gallardo y al Secretario de la misma para una reunión con la Sra. Torres, la Sra. Juliana y su marido que se celebró el 13 mayo, mostrándose la postura de la Sra. Torres en colisión con los de los miembros de la comisión; no obstante en esa reunión se acordó que se haría llegar al Sr. presidente lo hablado a fin de una posible reunión de todas las partes para solventar el problema. Lo que no sabían los miembros de la comisión es que con antelación a la reunión Rafaela Torres ya había mandado la carta anterior al Ayuntamiento y se había puesto en contacto con algún grupo político del mismo; no teniendo constancia que en la carta aunque suponemos que no, se refiriera al acuerdo de la Asamblea del 3 de Abril, cuestión ésta obviada en la reunión. Que no se diga como se dice en algún correo de los

múltiples enviados; que no se la había convocado a una reunión para solventar el tema (como dice en su primer correo denominado la abuela de la A-4 en la calle).

6. Por último, la Asociación ha recibido una carta remitida por el director del proyecto de exhumación, Sebastián Fernández, en la que nos relata unos hechos acaecidos el día 18 junio. En dicha carta se nos comunica que la Sra. Torres y su esposo se dirigieron a miembros de su equipo técnico, poniendo en duda su profesionalidad, así como el conocimiento mínimo imprescindible para llevar a cabo el trabajo que vienen desempeñando. Por este motivo, el profesor Fernández nos informa que va a dirigir comunicación al Ayuntamiento a fin de que se impida la entrada a la Sra. Torres y su esposo al recinto de las exhumaciones, para evitar situaciones similares; dicha carta ha sido enviada por la Asociación mediante burofax al domicilio que nos consta de Rafaela Torres.

Parece ser que la campaña emprendida por Rafaela Torres no acaba sólo en la Asociación sino que también se extiende a los profesionales que con tanto esfuerzo y compromiso están realizando su labor.

Solo queremos haceros llegar este comunicado con la intención de que conozcáis lo que viene aconteciendo desde hace tiempo y sepáis la versión de la Asociación. Una Asociación que está integrada por hombres y mujeres que, en su inmensa mayoría, tienen algún familiar en las fosas o han sufrido la represión franquista, y que no pretende ni ostentar otra representación que la que legítima y democráticamente le han otorgado los hombres y mujeres que la forman, ni actuar de otra forma que bajo el mandato de lo acordado en Asamblea.

Por último manifestar que nos gustaría contar con todos a fin de continuar con el inmenso esfuerzo y como único motivo de recuperar la dignidad de las Víctimas del franquismo y para que sus nombres no queden en el ostracismo y el olvido.

Fdo. La Junta Directiva ARMH Málaga

FRANCISCO ESPINOSA JIMENEZ

JOSE DORADO CUBERO FRANCISCO SÁNCHEZ GARCÍA

FRANCISCO GARCÍA DE HARO

M.ª JOSÉ RANDO CORDOBA

CARMEN MOLINA DE LOS RÍOS

ANTONIO SOMOZA BARCENILLA

SEBASTIAN FERNÁNDEZ LÓPEZ

ANDRES FERNANDEZ MARTÍN

MIGUEL ALBA TRUJILLO

ASOCIACIÓN CONTRA EL SILENCIO Y EL OLVIDO POR LA RECUPERACIÓN DE LA MEMORIA HISTÓRICA DE MÁLAGA

Apartado de Correos 6027. C. P. 29080 e-mail: contraelsilencioyelolvido@gmail.com

P. D. En breve confeccionaremos una página Web cuya dirección se os enviará. La página actual, a pesar de haber sido cedida a la Asociación por el propietario del dominio, está siendo utilizada por Rafaela Torres contra la propia Asociación.

Málaga 12 de Agosto de 2009

ASAMBLEA JUNTA GENERAL ORDINARIA

Estimado amigo/a:

Por acuerdo de la Junta Directiva de la Asociación Contra el Silencio y el Olvido por la Recuperación de la Memoria Histórica de Málaga y conforme a lo establecido en el Art. 8 de los Estatutos se convoca Asamblea General Ordinaria a celebrar el día:

7 DE SEPTIEMBRE DE 2009, a las 6 de la tarde, en el CENTRO CÍVICO, Avenida de Los Guindos N.º 48, de acuerdo al siguiente:

ORDEN DEL DÍA

1. Lectura y aprobación del Acta de la Asamblea anterior.
2. Reconocimiento al equipo de trabajadores de exhumaciones de San Rafael.
3. Información de gestiones de las muestras de ADN.
4. Ruegos y preguntas.

Fdo. José Dorado Cubero

Presidente ARMH MÁLAGA

NOTA INFORMATIVA:

*Aquellos que seáis familiares se os citará para las pruebas de ADN telefónicamente para daros el día y hora. Recibiréis adjunto en esta carta un plano y línea de autobuses para indicaros como llegar al lugar, el día que se os cite. Los que no seáis de Málaga, se os informará donde tendréis que ir para la prueba sin tener que desplazarse desde vuestra ciudad. Cualquier duda que tengáis se os informará en la asamblea o podéis llamar a los teléfonos 952291095 o 617809638 o al correo de la asociación contraelsilencioyelolvido@gmail.com

Estimado/a amigo/a:

Deseo informaros que desde un tiempo atrás, por parte de varias personas de la Asociación, están intentando crear con un clima de mentiras y acusaciones que no se sostienen, contra miembros de la Junta Directiva, y lo que es peor, contra las decisiones tomadas democráticamente en la Asamblea.

En plena negociación con el Ayuntamiento y la Junta de Andalucía para renovar el acuerdo económico, hacen publico acusaciones como que hemos echado a la calle a Dª Juliana Sánchez y a su marido, lo cual es falso y hay testigos de ello, quien dice esto, se cree sus propias mentiras, y lo que es peor, las transmite, ¿pretenden acaso boicotear le negociación y paralizar los trabajos?, ¿qué pretenden con esta actitud?

Ante tan graves acusaciones hechas públicas, intentando creer un apoyo solidario, utilizando los sentimientos de aquellos que ignoran la realidad, la Junta Directiva ha creído conveniente redactar con fecha 10 de julio y mandaros el comunicado adjunto.

Siempre hemos manifestado que los verdaderos protagonistas de nuestro proyecto, que sigue adelante, son aquellos que fueron ejecutados y no tienen voz, pero que no se equivoquen, aquí todavía estamos sus familiares que no vamos a consentir que por unos intereses personales o de cualquier tipo, que algunos intenten crear una división donde nunca la ha habido y no tiene que haberla.

Bastantes enemigos nos hemos creado en estos cinco años para que aquí en Málaga lo que no han podido hacer determinadas ideologías contra nosotros intenten hacerlo algunos utilizando descalificaciones y mentiras.

Un fraternal saludo,

Francisco Espinosa Jiménez
Málaga, 10 de Julio de 2008

Málaga 10 de septiembre de 2008

ASAMBLEA JUNTA GENERAL ORDINARIA

Estimado amigo/a:

Por acuerdo de la Junta Directiva de la Asociación Contra el Silencio y el Olvido por la Recuperación de la Memoria Histórica de Málaga y conforme a lo establecido en el Art. 8 de los estatutos se convoca Asamblea General Ordinaria a celebrar el día: 25 DE SEPTIEMBRE DE 2008 a las 6 de la tarde.

CENTRO CÍVICO, avenida de los Guindos, 48.

ORDEN DEL DÍA

1. Lectura y aprobación del Acta de la asamblea anterior.
2. Informe de las actuaciones realizadas desde la última asamblea, así como actuaciones a realizar.
3. Presentación del informe actualizado sobre los trabajos de exhumación.
4. Análisis de los últimos acontecimientos surgidos y propuesta de aprobación del expediente sancionador instruido por la Junta Directiva a la Sra. Rafaela Torres Jiménez.
5. Estado de cuentas de la Asociación, ingresos y gastos.
6. Elecciones para la renovación de cargos o nueva Junta Directiva de la Asociación.
7. Ruegos y preguntas.

Fdo. Francisco Espinosa Jiménez

Presidente ARMH MALAGA

Aquellos socios que deseen presentar una candidatura deberán comunicarlo con fecha de antelación mínima de 24 horas a la Asamblea al correo electrónico de la Asociación contraelsilencioyelolvido@gmail.com

AUTORIZACIÓN PARA EN CASO DE REPRESENTACIÓN:

Socio/a D. / D.ª

Con DNI

Autorizo a D. / D.ª

a fin que pueda emitir mi voto en la Asamblea a celebrar el día 25 de Septiembre de 2008.

Firma del Socio Titular

Estimado amigo/a:

Deseo informarte de las últimas actuaciones que se han realizado desde la última Asamblea celebrada en el Centro Cívico el pasado día 3 de abril de este año.

El 14 de abril, celebramos (como todos los años) el homenaje a los fusilados y ejecutados como consecuencia del golpe de estado y la dictadura franquista.

El 21 de abril asistimos invitados en el colegio de Los Manantiales de Torremolinos, a la l.ª Jornada de la Memoria Histórica, organizada por la dirección del centro, donde explicamos a los jóvenes, familiares y personal docente, lo ocurrido en Málaga a raíz de la entrada de las tropas fascistas y la represión que hubo durante los años posteriores. Así mismo explicamos el porqué de nuestra Asociación y sus objetivos.

El 24 de abril, recibimos a más de 30 profesores de la Universidad de Noruega en el cementerio, donde les explicamos y vieron las fosas de los asesinatos cometidos por los fascistas. Salieron muy impresionados, tomaron fotos, vídeos y nos prometieron que lo divulgarían en la Universidad y en los medios de prensa y televisión de su país.

El 30 de abril se mandó al Ministerio de la Presidencia el resto de la documentación que faltaba para el ingreso de la subvención extraordinaria publicada en el Boletín Oficial del Estado, que al día de hoy aún no hemos recibido.

A principios de mayo, se hicieron dos grabaciones para la televisión de la Costa del Sol.

El 12 de mayo, visitaron el cementerio un grupo de alumnos del Instituto Gaona, donde se les explicó la represión franquista en Málaga. Ese mismo día, mantuvimos una reunión en el Ayuntamiento con el Comisario de la Junta de Andalucía y Jefe de Gabinete de la Memoria Histórica, los abogados de la Junta y Ayuntamiento, la Concejal de Hacienda, representantes de la Asociación y el Arqueólogo D. Andrés Fernández: tras dos horas de reunión, se acordó entre otras cosas la firma de un NUEVO ACUERDO y la NO PARALIZACIÓN de los trabajos que se llevan a cabo en el cementerio aunque los dineros prometidos no hayan llegado aún, ya que con el que hay no llegaríamos ni a mediados de junio.

El 13 de mayo, mantuvimos una entrevista con el Grupo Municipal de Izquierda Unida con el objeto de ver la manera de buscar apoyos en otras Instituciones Públicas o Privadas que puedan aportar alguna ayuda económica para los trabajos que se están desarrollando en el cementerio.

Los nombres, todos los nombres, recordad todos los nombres.

Los nombres recordados nunca mueren.

POEMAS DEL ALMA

¿No te estremece el muerto solitario?
En esta soledad, no está, no existe nadie.
No existe nadie en los cementerios.
¡Qué solas se quedan las tumbas!

CÓMO RECUPERAR LA MEMORIA HISTÓRICA DE UN FAMILIAR Y DIGNIFICAR SU BUEN NOMBRE

El siguiente paso si el represaliado fue detenido es conseguir las actas de declaración ante la Guardia Civil o el juzgado militar de turno. Tengo en este sentido que decir que, normalmente, se suele ser muy estricto cuando interviene el ejército o la Guardia Civil en el archivo de las resoluciones militares judiciales, sobre todo si son de pena de muerte. No son tan rigurosos en cuanto al *habeas corpus* o cumplimiento de asesoramiento de un defensor. Mi experiencia es que los juzgados militares son reacios a entregar las sentencias, pero la ley actual, desde luego, obliga a entregar toda la información.

Folio 71

ACTA DE NACIMIENTO. 1896

NÚMERO 17

Vicenta Dionisia de la Stma Trinidad Pachon Gamez

ANTIGUO JUZGADOS / JUZGADO
C/ TOMAS HEREDIA
TOMO 278
PÁGINA 599

En la Villa de Fuente de Piedra á las doce de la mañana del día veinte y nueve de Marzo de mil ochocientos noventa y seis ante D. Juan Fernandez Pachon Juez municipal, y D. Antonio Luque Ruiz Secretario, compareció Juan Pachon Rivas natural de esta villa provincia de Malaga de edad de veinte y seis años de estado casado su ejercicio del campo domiciliado en la calle de Barrio Alto de esta Poblacion según acredita por cedula personal que exhibe, expedida por esta Alcaldia, solicitando que se inscriba en el Registro civil, una niña; y al efecto, como padre de la misma, declaró:

Que dicha niña nació en casa del declarante el día veinte y ocho del presente mes á las ocho de la mañana.

~~Que es~~ hija legitima del declarante ~~natural de provincia de de edad de años, de~~ [1] y de Ana Gamez Lopez, natural de esta villa provincia de Malaga de edad de veinte años, dedicada á las ocupaciones propias de su sexo y domiciliada en el de su marido.

Que es nieta, por línea paterna, de Franco Pachon Carmuñas natural de esta villa

Nombre y Apellidos

ESPAÑA

MINISTERIO DE JUSTICIA

REGISTROS CIVILES

Vicenta Pachon Gomez

CERTIFICADO DE DEFUNCIÓN

N.º 3409796 /07

En Malaga, provincia de idem a las once y cinco minutos del dia cuatro de Noviembre de mil novecientos treinta y seis, ante D. Joaquin Muñoz Sanchez Juez Municipal interino y D. Diego Marcos Bartual, Secretario suplente, se procede a inscribir la defunción de D. Vicenta Pachon Gomez de ..., natural de ... provincia de ..., hijo de D. ... y de D.ª ..., domiciliado en ... de ..., número ..., piso ... de profesión ... y de estado (1) ...

Certificación Gratuita

... falleció en (2) ... el día veinte y nueve del pasado mes, a las ... y ... minutos, a consecuencia de (3) herida por arma de fuego según resulta de la certificación facultativa presentada y reconocimiento practicado, y su cadáver habrá de recibir sepultura en el Cementerio de ...

Esta inscripción se practica en virtud de (5) oficio recibido de la Auditoria de Guerra

consignándose además (6) ...

habiéndola presenciado como testigo D. Demetrio Nosca Alvarez de Toledo y D. José Marquez Rosales mayores de edad y vecinos de esta capital

Leída esta acta, se sella con el del Juzgado y la firman el señor Juez, los testigos (7) ... de que certifico.

Joaquin Muñoz

Registro Civil de Nacimientos

Distrito de

Número 8

Nombres y apellidos (10)

José Acuña Pachón

Falleció en Manacor el día 15 de Julio del 2000. Su defunción consta inscrita en el tomo 70, pág. 100 de la Sección 3ª de este Registro Civil. Fuente de Piedra, a 12 de Diciembre del 2000

En la Villa de Fuente Piedra provincia de Málaga a las quince horas del día once de Marzo de mil novecientos veinte y cuatro ante D. Francisco Otero Sánchez Juez municipal Suplente, y D. Antonio Velasco Fajardo Secretario del Juzgado, se procede a inscribir el nacimiento de un (1) Varón ocurrido (2) ..., a las veinte y dos horas del día de diez del actual calle de Ancha, número 15 de esta población, es hijo (3) legítimo de (4) Juan Acuña López, natural de esta población de veinte y nueve años de edad, casado del campo y domiciliado en calle Ancha nº 15 de esta población y de su esposa Vicenta ... Sánchez del igual naturaleza veinte y nueve años de edad de estado casada domiciliada en el de su marido y ambos vecinos de esta población

nieto (5) por línea paterna de Juan ... Acuña ... y de Carmen López Rodríguez ... vecinos de esta población casados y mayores de edad con domicilio calle Barrio Bajo nº 12 y por línea materna de Juan Pachón ... natural de esta villa difunto y de Ana ... Gómez López ... de esta villa viuda y mayor de edad domicilio calle Ancha nº 23

y se le ponen los nombres de (6) José de la ...

Esta inscripción se practican en (7) el local del Juzgado

del recién nacido quien presentó su cédula personal 10ª clase

y la presencian como testigos D. Manuel Ruiz López de estos vecinos, mayor de edad de estado casado empleado y domiciliado en esta población calle del Obispo Spínola quince y D. José Sánchez [illegible] también empleado, mayor de edad de estado casado domiciliado en este pueblo calle de Prado, número quince.

Leída esta acta se sella con el de este Juzgado y la firma el Juez con los testigos y el manifestante de que certifico.

Juan M. Acuñas

Manuel Ruiz

José Sánchez

REGISTRO CIVIL DE FUENTE DE [illegible]

CERTIFICO: Que la presente certificación [illegible] expedida con la autorización prevista en el artículo 26 del Reglamento del Registro Civil, contiene reproducción íntegra del asiento correspondiente obrante en el T. nº 17 Folio nº 105 Sección 1ª de este Registro Civil.

CERTIFICA D. [illegible]

[illegible] PIEDRA, a 6 de 11 de 2007

Titular o titulares del libro (1)

Don José Quiñones y Bautista
nacido el día 10 de Marzo de 1924
en Málaga hijo de Juan y de Vicenta
estado civil (2) soltero

Doña Mª Dolores Espejo y Sánchez
nacida el día 21 de Octubre de 1928
en Córdoba hija de Francisco y de Mª Dolores
estado civil (2) soltera

(1) Tómense estos datos de la inscripción de matrimonio o, en su defecto, de la inscripción de nacimiento de los hijos.
(2) Y la nacionalidad, si no es la española.

REGISTRO CIVIL de Manacor { TOMO 30 PAG. 78 vto.

PUEBLO DE Manacor
PROVINCIA DE Baleares

Los titulares de este libro han contraído MATRIMONIO el día 16 de Diciembre de 1952
(1) ....

Sello y fecha: 19-2-82
Certifica(n) y firma(n) D. Mateo Mezquida Oliver

(1) Si hubieren otorgado capitulaciones matrimoniales, se indicará la fecha de la escritura, lugar del otorgamiento y nombre del Notario autorizante. Otras observaciones.

1 Hijo

Nombre Juan
Apellidos Quiñones y Espejo
hijo de José y de Mª Dolores
Nació el día 13 de Enero de 1954
en Manacor Baleares (provincia)
Registro Civil de Manacor { Tomo 70 Pág. 76
Observaciones ....
Sello y fecha: 19-2-82
Certifica(n) y firma(n) D. Mateo Mezquida

Falleció (1) el día 21 de Febrero de 1954 en Manacor Baleares (provincia)
Registro Civil de Manacor { Tomo 49 Pág. 61 vto.
Observaciones ....
Sello y fecha: 19-2-82
Certifica(n) y firma(n) D. Mateo Mezquida

(1) Falleció, se casó o cualquier otro hecho que afecte al hijo y suponga extinción de la patria potestad.

2 Hijo

Nombre Juan Esteban
Apellidos Quiñones y Espejo
hijo de José y de Mª Dolores
Nació el día 26 de Diciembre de 1954
en Palma Baleares (provincia)
Registro Civil de Palma { Tomo 151 Pág. 265 vto.
Observaciones ....
Sello y fecha: 19-2-82
Certifica(n) y firma(n) D. Mateo Mezquida Oliver

.... (1) el día .... de ....
de .... en .... (provincia)
Registro Civil de .... { Tomo .... Pág. ....
Observaciones ....
Sello y fecha:
Certifica(n) y firma(n) D. ....

(1) Falleció, se casó o cualquier otro hecho que afecte al hijo y suponga extinción de la patria potestad.

3 **Hijo**

Nombre Francisco

Apellidos Quiñones y Espejo

hijo de José y de Mª Dolores

Nació el día 10 de Agosto de 1.956

en Manacor - Baleares (provincia)

Registro Civil de Manacor { Tomo 71 Pág. 11

Observaciones ....

Sello y fecha: 19-2-82

Certifica(n) y firma(n) D. Mateo Mesquida

.... (1) el día .... de ....

de .... en .... (provincia)

Registro Civil de .... { Tomo .... Pág. ....

Observaciones ....

Sello y fecha:

Certifica(n) y firma(n) D. ....

(1) Falleció, se casó o cualquier otro hecho que afecte al hijo y suponga extinción de la patria potestad.

— 6 —

4 **Hijo**

Nombre Vicente

Apellidos Quiñones y Espejo

hijo de José y de Mª Dolores

Nació el día 21 de Abril de 1.959

en Manacor - Baleares (provincia)

Registro Civil de Manacor { Tomo 73 Pág. 155

Observaciones ....

Sello y fecha: 19-2-82

Certifica(n) y firma(n) D. Mateo Mesquida

Falleció (1) el día 20 de marzo

de 1960 en Manacor Baleares (provincia)

Registro Civil de Manacor { Tomo 50 Pág. 267

Observaciones ....

Sello y fecha: 19-2-82

Certifica(n) y firma(n) D. Mateo Mesquida

(1) Falleció, se casó o cualquier otro hecho que afecte al hijo y suponga extinción de la patria potestad.

— 7 —

5 **Hijo**

Nombre Vicenta María

Apellidos Quiñones y Espejo

hijo de José y de Dolores

Nació el día 13 de Enero de 1.961

en Palma - Baleares (provincia)

Registro Civil de Palma { Tomo 179 Pág. 224

Observaciones ....

Sello y fecha: 19-2-82

Certifica(n) y firma(n) D. Mateo Mesquida

.... (1) el día .... de ....

de .... en .... (provincia)

Registro Civil de .... { Tomo .... Pág. ....

Observaciones ....

Sello y fecha:

Certifica(n) y firma(n) D. ....

(1) Falleció, se casó o cualquier otro hecho que afecte al hijo y suponga extinción de la patria potestad.

— 8 —

6 **Hijo**

Nombre María Dolores

Apellidos Quiñones y Espejo

hijo de José y de Mª Dolores

Nació el día 31 de Julio de 1963

en Manacor - Baleares (provincia)

Registro Civil de Manacor { Tomo 79 Pág. 62

Observaciones ....

Sello y fecha: 19-2-82

Certifica(n) y firma(n) D. Mateo Mesquida

.... (1) el día .... de ....

de .... en .... (provincia)

Registro Civil de .... { Tomo .... Pág. ....

Observaciones ....

Sello y fecha:

Certifica(n) y firma(n) D. ....

(1) Falleció, se casó o cualquier otro hecho que afecte al hijo y suponga extinción de la patria potestad.

— 9 —

7 **Hijo**

Nombre Josefa
Apellidos [illegible] y Espejo
hijo de José y de M.ª Dolores
Nació el día 27 de marzo de 1.957
en [illegible] Baleares (provincia)
Registro Civil de [illegible] { Tomo 84 Pág. 313
Observaciones
Sello y fecha: 19-2-82
Certifica(n) y firma(n) D. [illegible]

Falleció (1) el día 1 de Enero de 1.968 en [illegible] Baleares (provincia)
Registro Civil de [illegible] { Tomo 53 Pág. 157
Observaciones
Sello y fecha: 19-2-82
Certifica(n) y firma(n) D. [illegible]

(1) Falleció, se casó o cualquier otro hecho que afecte al hijo y suponga extinción de la patria potestad.

— 10 —

8 **Hijo**

Nombre José
Apellidos [illegible] y Espejo
hijo de José y de M.ª Dolores
Nació el día 20 de Agosto de 1.970
en [illegible] Baleares (provincia)
Registro Civil de [illegible] { Tomo 89 Pág. 274
Observaciones
Sello y fecha: 19-2-82
Certifica(n) y firma(n) D. [illegible]

(1) el día ... de ... de ... en ... (provincia)
Registro Civil de ... { Tomo ... Pág. ...
Observaciones
Sello y fecha:
Certifica(n) y firma(n) D.

(1) Falleció, se casó o cualquier otro hecho que afecte al hijo y suponga extinción de la patria potestad.

— 11 —

9 **Hijo**

Nombre Fermín
Apellidos [illegible] y Espejo
hijo de José y de M.ª Dolores
Nació el día 26 de junio de 1.973
en [illegible] Baleares (provincia)
Registro Civil de [illegible] { Tomo 93 Pág. 346
Observaciones
Sello y fecha: 19-2-82
Certifica(n) y firma(n) D. [illegible]

(1) el día ... de ... de ... en ... (provincia)
Registro Civil de ... { Tomo ... Pág. ...
Observaciones
Sello y fecha:
Certifica(n) y firma(n) D.

(1) Falleció, se casó o cualquier otro hecho que afecte al hijo y suponga extinción de la patria potestad.

— 12 —

10 **Hijo**

Nombre
Apellidos
hijo de ... y de
Nació el día ... de ... de
en ... (provincia)
Registro Civil de ... { Tomo ... Pág. ...
Observaciones
Sello y fecha:
Certifica(n) y firma(n) D.

(1) el día ... de ... de ... en ... (provincia)
Registro Civil de ... { Tomo ... Pág. ...
Observaciones
Sello y fecha:
Certifica(n) y firma(n) D.

(1) Falleció, se casó o cualquier otro hecho que afecte al hijo y suponga extinción de la patria potestad.

— 13 —

SIR	
ORIGEN	
L01290555	Ayuntamiento de Fuente de Piedra
000019608	Registro General Ayuntamiento de Fuente de Piedra
DESTINO	
E05067101	Ministerio de la Presidencia, Relaciones con las Cortes y Memoria Democrática
000000210	Registro General del M. de la Presidencia

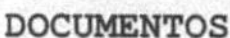
DOCUMENTOS

NOMBRE DEL FICHERO: Vicenta02022023105811.pdf
TIPO DE DOCUMENTO: Solicitud
VALIDEZ: Copia auténtica
CSV:
HUELLA DIGITAL: 32f2fb80bd6d8b0e228033e939b9ad5fe36d92b1

Ayuntamiento de Fuente de Piedra

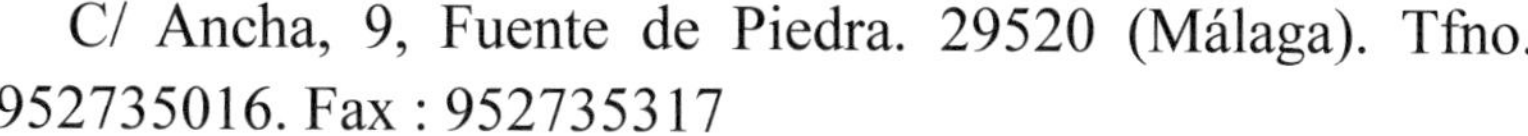
C/ Ancha, 9, Fuente de Piedra. 29520 (Málaga). Tfno. 952735016. Fax : 952735317

Como se puede comprobar la documentación a aportar es fácil de obtener y si no hay defectos de forma (como fue en mi caso) en poco tiempo se puede obtener esta inmensa satisfacción de tener un reconocimiento de tu familiar querido e injustamente represaliado por sus ideas políticas, ideológicas, de conciencia o creencias religiosas, imponiéndoles condenas o sanciones de carácter personal. Otra alternativa más rápida es llevar directamente la documentación al registro del complejo de la Moncloa en Madrid, desde luego esta segunda opción es mucho más segura que la del Ajuntamiento. ánimo vale la pena.

Fax

Para: Juzgado togado militar 25 de Málaga De:Francisco Acuñas Espejo

Fax:	952214235	Fax:	972555467
Teléfono:	952121564	Teléfono:	971555467
Asunto:	Consulta archivo	Fecha:	11/12/09

Comentarios:

Sr., del Juzgado Togado militar de Málaga N^{O} 25

Me llamo Francisco Acuñas Espejo, soy natural de Manacor - Mallorca con D.N.I. 78197···T

Por el presente fax pido autorización para consultar el expediente de Vicenta Padrón Gómez, natural de Fuente de Piedra — Málaga. El número de expediente es el 65 de 1937.

El motivo es porque era mi abuela y estoy recogiendo toda la información posible para efectuar un entierro digno en su pueblo natal, una vez que sepamos con exactitud si las pruebas de ADN corresponden a quien creemos que son los restos de mi difunta abuela.

Sin otro particúlary gradeciéndoles de antemano su amabilidad se despide;

Francisco Ac	asEs •o

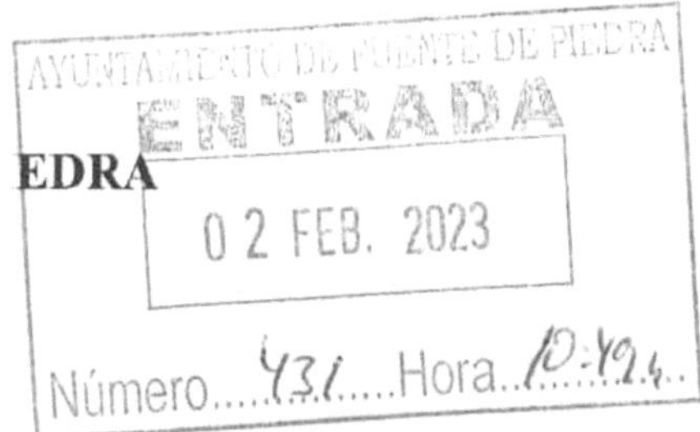

AL AYUNTAMIENTO DE FUENTE DE PIEDRA

FRANCISCO ACUÑAS ESPEJO, mayor de edad, vecino de Manacor (Illes Balears), domiciliado en calle Capdepera n.º 37, provisto de D. N. I. n.º 78.197.· · ·-T, al Ayuntamiento de Fuente Piedra, quien actúa en nombre propio y en nombre de los demás familiares y allegados paternos, residentes en Manacor (Mallorca), EXPONE:

El presente escrito tiene por objeto la adopción de los acuerdos y medidas que correspondan en aplicación de la Ley 20/22, de Memoria Democrática y que luego se concretarán, en relación con la muerte por fusilamiento de la vecina de Fuente Piedra DOÑA VICENTA PACHÓN GÁMEZ, acaecida el 29 de octubre de 1937 en el cementerio de San Rafael de Málaga. Y a tales efectos, se hace constar:

1. LEGITIMACIÓN

Aunque entendemos que para fundamentar la petición no debiera acreditarse legitimación alguna, pues tanto la naturaleza de la Ley como de los hechos que la fundamentan no lo requieren, sí queremos adverar que concurre en el solicitante la condición de nieto de la víctima, según se desprende de los certificados de nacimiento y Libro de Familia que se acompañan.

1. 1. HECHOS QUE FUNDAMENTAN LA PETICIÓN

1. DOÑA VICENTA PACHÓN GÁMEZ, natural y vecina del municipio de Fuente Piedra, en el año 1936 contaba la edad de 41 años, era madre de cuatro hijos y una hija, ejercía como maestra de primera enseñanza y había ostentado hasta el inicio de la guerra civil el cargo de presidenta de la sección femenina del partido socialista en la localidad.

2. El día 13 de mayo de 1936 fue detenida en su domicilio de la calle Ancha n.º 15, en presencia de sus cinco hijos de corta edad y no sin ser sometida a las dolorosas humillaciones que no es necesario pormenorizar, pero que, en aquellos días, con la ferocidad que las caracterizaba, constituían práctica habitual y premeditada de las fuerzas rebeldes levantadas contra el gobierno legítimo de la República Española como método para aterrorizar a la ciudadanía.

3. Luego de un procedimiento sumarísimo de urgencia, registrado con el número 65 del juzgado militar n.º 16 de Antequera, tramitado de manera burda, sin ninguna garantía jurídica, constitutivo de una mera farsa sin ninguna apariencia ni pretensión de objetividad y sobre la base de acusaciones infundadas, la más grave de las cuales era ser presidenta del partido socialista femenino de Fuente Piedra, Doña Vicenta Pachón Gámez fue llevada a un campo de concentración de Antequera y posteriormente encarcelada en la prisión provincial de Málaga, donde permaneció hasta el día de su asesinato, ocurrido el día 29 de Octubre de 1937 frente a una tapia del cementerio de San Rafael de Málaga.

4. Situándonos en el contexto histórico en que ocurrieron los hechos, no es difícil comprender que la detención y posterior asesinato de Doña Vicenta Pachón Gámez vino motivado

por razones de mera confrontación política e ideológica, pero también por la ejemplar actividad pedagógica desarrollada por ella como maestra y por su influjo en la promoción de cambios y mejoras sociales entre la población de Fuente Piedra.

5. No debemos pasar por alto que por las mismas razones de confrontación política e ideológica y de vocación de mejoras sociales, en el mismo procedimiento sumarísimo también resultaron encausadas las también vecinas de Fuente Piedra Doña Dolores Gómez Verdú, Doña Juana Peñas Gómez, Doña Rosario González León, Doña Virtudes Castro Prieto, Doña Dolores Gallardo Rubio, Doña María Páez Pacheco, Doña Socorro Hidalgo Rosa, Doña Dolores Medida González y Doña Josefa Espinosa Rodríguez, todas ellas también merecedoras de memoria, gratitud y reconocimiento, pues aunque ignoramos cual fue la suerte final de todas ellas, bien puede suponerse que no debió ser muy distinta a la que sufrió Doña Vicenta Padrón Gómez.

1. 1. 1. FUNDAMENTACIÓN JURÍDICA

Entendemos que la reparación moral, el reconocimiento y la recuperación de la memoria personal de quienes sufrieron persecución y violencia por razones políticas, ideológicas, de pensamiento, opinión o conciencia, constituyen un deber ético que debiera hacer innecesaria la invocación de normas legales.

Ello, no obstante, a través de la ley 20/2022, de 19 de octubre, de Memoria Democrática, el legislador español ha querido intensificar aquel deber moral dotándolo de la fuerza obligatoria de la norma jurídica, y a tal efecto la invocamos en su totalidad, no sin hacer especial hincapié en los apartados de la misma que se citan seguidamente. Todo ello sin perjuicio de las restantes normas que sean de aplicación.

Artículo 1: Objeto y finalidad

2. Asimismo, es objeto de la ley el reconocimiento de quienes padecieron persecución o violencia, por razones políticas, ideológicas, de pensamiento u opinión, de conciencia o creencia religiosa, de orientación e identidad sexual, durante el período comprendido entre el golpe de Estado de 18 de julio de 1936, la Guerra de España y la Dictadura franquista hasta la entrada en vigor de la Constitución Española, así como promover su reparación moral y la recuperación de su memoria personal, familiar y colectiva, adoptar medidas complementarias destinadas a suprimir elementos de división entre la ciudadanía y promover lazos de unión en torno a los valores, principios y derechos constitucionales.

Artículo 3: Víctimas

A los efectos de esta ley se considera víctima a toda persona, con independencia de su nacionalidad, que haya sufrido, individual o colectivamente, daño físico, moral o psicológico, daños patrimoniales, o menoscabo sustancial de sus derechos fundamentales, como consecuencia de acciones u omisiones que constituyan violaciones de las normas internacionales de derechos humanos y del derecho internacional humanitario durante el periodo que abarca el golpe de Estado de 18 de julio de 1936, la posterior Guerra y la Dictadura, incluyendo el transcurrido hasta la entrada en vigor de la Constitución Española, y en particular a:

a) Las personas fallecidas o desaparecidas como consecuencia de la Guerra y la Dictadura.

b) Las personas que sufrieron privaciones de libertad o detenciones arbitrarias, torturas o malos tratos como consecuencia de la Guerra, la lucha sindical y actividades de oposición a la Dictadura.

Artículo 5: Declaración de ilegalidad e ilegitimidad de órganos y nulidad de sus resoluciones

1. Se declara la ilegalidad e ilegitimidad de los tribunales, jurados y cualesquiera otros órganos penales o administrativos que, a partir del Golpe de Estado de 1936, se hubieran constituido para imponer, por motivos políticos, ideológicos, de conciencia o creencia religiosa, condenas o sanciones de carácter personal, así como la ilegitimidad y nulidad de sus resoluciones.

2. Por ser contrarios a Derecho y vulnerar las más elementales exigencias del derecho a un juicio justo, así como la concurrencia en estos procesos de intimidación e indefensión, se declara en todo caso la nulidad de las condenas y sanciones y la ilegalidad e ilegitimidad del Tribunal Especial para la Represión de la Masonería y el Comunismo, el Tribunal de Orden Público, así como los Tribunales de Responsabilidades Políticas y Consejos de Guerra constituidos por motivos políticos, ideológicos, de conciencia o creencia religiosa, de acuerdo con lo dispuesto en el artículo 4 de la presente ley.

3. Igualmente, se declaran ilegítimas y nulas, por vicios de forma y fondo, las condenas y sanciones dictadas por motivos políticos, ideológicos o de creencia por cualesquiera tribunales u órganos penales o administrativos durante la Dictadura contra quienes defendieron la legalidad institucional anterior, pretendieron el restablecimiento de un régimen democráticos en España o intentaron vivir conforme a opciones amparadas por derechos y libertades hoy reconocidos por la Constitución, independientemente de la calificación jurídica utilizada para establecer dichas condenas y sanciones.

4. La declaración de nulidad que se contiene en los apartados anteriores dará lugar al derecho a obtener una declaración

de reconocimiento y reparación personal. En todo caso, esta declaración de nulidad será compatible con cualquier otra fórmula de reparación prevista en el ordenamiento jurídico, sin que pueda producir efectos para el reconocimiento de responsabilidad patrimonial del Estado, de cualquier administración pública o de particulares, ni dar lugar a efecto, reparación o indemnización de índole económica o profesional. Dicha declaración de nulidad deberá hacerse constar en el expediente judicial de la causa anulada.

Artículo 6: Declaración de reconocimiento y reparación personal

1. Se reconoce el derecho a obtener una Declaración de reparación y reconocimiento personal a quienes durante la Guerra y la Dictadura padecieron las circunstancias a que se refiere el artículo 3.1 y los efectos de las condenas y sanciones a que se refieren los artículos 4 y 5. Este derecho es plenamente compatible con los demás derechos y medidas reparadoras reconocidas en el resto de normas del ordenamiento jurídico, así como con el ejercicio de las acciones a que hubiere lugar ante los tribunales de justicia, sin que pueda producir efectos para el reconocimiento de responsabilidad patrimonial del Estado, de cualquier administración pública o de particulares, ni dar lugar a efecto, reparación o indemnización de índole económica o profesional.

Artículo 11: Reconocimiento de la memoria democrática de las mujeres

3. Las administraciones públicas adoptarán las medidas necesarias para reparar las formas especiales de represión o violencia de cualquier tipo sufrida por las mujeres como conse-

cuencia de su actividad pública, política, sindical o intelectual, durante la Guerra y la Dictadura, o como madres, compañeras o hijas de represaliados o asesinados.

IV. DOCUMENTOS QUE SE ACOMPAÑAN

a) D. N. I. solicitante.
b) Certificado nacimiento y certificado de defunción de Dª Vicenta Pachón Gámez.
c) Certificado de nacimiento del padre del solicitante D. José Acuñas Pachón.
d) Libro de Familia del padre del solicitante, D. José Acuñas Pachón.
e) Copia de parte del procedimiento sumarísimo de urgencia número 65 del Juzgado Militar n.º 16 de Antequera.

Por todo lo cual,

SOLICITO AL AYUNTAMIENTO DE FUENTE PIEDRA:

1. Que se acuerde solicitar la declaración de reparación y reconocimiento personal contemplada en el artículo 6 de la ley 20/2022, previa propuesta al pleno de este Ayuntamiento para su aprobación y votación.

2. Que en el centro escolar municipal se coloque una placa en recuerdo de Dª Vicenta Pachón Gámez, su dignidad, nombre y honor, reconociendo su profesión de maestra y su asesinato a consecuencia del golpe de estado de 1936; ello en aplicación del artículo ll de la Ley 20/2022.

3. Que se realice una investigación o estudio sobre la figura de Dª Vicenta Pachón Gámez y otras mujeres del municipio represaliadas a raíz del golpe de estado y la dictadura franquista, su participación en el ámbito educativo y público de Fuente la Piedra, digitalizando y enviando copia de ello al Centro Docu-

mental de la Memoria Democrática o al archivo o institución que se determine.

Y otras acciones que se consideren pertinentes de acuerdo con la ley de Memoria Democrática.

Folio

ACTA DE NACIMIENTO. 1896

NÚMERO 17

Vicenta Dionisia de la Stma Trinidad Pachon Gamez

JUZGADOS/ANTIGUO JUZGADO C/TOMAS HEREDIA TOMO 278 PAGINA 599

En la Villa de Fuente de Piedra á las doce de la mañana del dia veinte y nueve de Marzo de mil ochocientos noventa y seis ante D. Juan Fernandez Pachon Juez municipal, y D. Antonio Luque Perez Secretario, compareció Juan Pachon Rivas natural de esta villa provincia de Malaga de edad de veinte y seis años de estado casado su ejercicio del campo domiciliado en la calle de [illegible] de esta Poblacion según acredita por cedula personal que exhibe, expedida por esta Alcaldia, solicitando que se inscriba en el Registro civil, una niña; y al efecto, como padre de la misma, declaró:

Que dicha niña nació en casa del declarante el dia veinte y ocho del presente mes á las ocho de la mañana.

Que es hija legítima del declarante y de Ana Gamez Lopez, natural de esta villa provincia de Málaga de edad de veinte años, dedicada á las ocupaciones propias de su sexo y domiciliada en el de su marido.

Que es nieta, por línea paterna, de Francisco Pachon Carmona natural de esta villa

JUZGADO DE FUENTE DE PIEDRA

y de Josefa Rivas Solis natural de esta Villa mayor de edad viuda y domiciliada en la calle de los Solises

y por linea materna de Cristobal Yanez H... natural de esta Villa casado mayor de edad y domiciliado en la calle de ... Alta

y de Josefa Lopez Florido natural de esta villa casada mayor de edad y domiciliada en el de su marido

Y que la expresada niña se le a de poner el nombre el de Vicenta Dionicia de la Santisima Trinidad

Todo lo cual presenciaron como testigos Pedro Herr... Manzano de esta naturaleza, mayor de edad viudo su ocupacion empleado y Francisco Rodriguez Garcia de la misma naturaleza y vecindad casado mayor de edad y empleado

Leida integramente esta acta, é invitadas las personas que deben suscribirla á que la leyeran por sí mismas, si así lo creían conveniente, se estampó en ella el sello del Juzgado municipal, y la firmaron el Sr. Juez y los testigos no haciendolo el declarante por no saber

y de todo ello, como Secretario, certifico.

Juan Fernandez Pedro Herr...

Franco Rodriguez

Antonio Luque
Srio

Nombre y Apellidos
ESPAÑA
MINISTERIO DE JUSTICIA
REGISTROS CIVILES
Vicenta Pachon Gomez

CERTIFICADO DE DEFUNCIÓN

N.º 3409796 /07

Certificación Gratuita

En Malaga, provincia de idem, a las once y veinte minutos del día cuatro de Noviembre de mil novecientos ..., ante D. Joaquin Muñoz Sanchez Juez Municipal interino y D. ... Marcos Bartual, Secretario suplente, se procede a inscribir la defunción de D. Vicenta Pachon Gomez, de ..., natural de ..., provincia de ..., hijo de D. ... y de D.ª ..., domiciliado en ... de ..., número ..., piso ..., de profesión ... y de estado (1) ...

... falleció en (2) ... el día veinte y nueve del pasado mes, a las ... y ... minutos, a consecuencia de (3) heridas por arma de fuego según resulta de la certificación facultativa presentada y reconocimiento practicado, y su cádaver habrá de recibir sepultura en el Cementerio de ...

Esta inscripción se practica en virtud de (5) oficio recibido de la ... toria de Guerra

consignándose además (6) ...

habiéndola presenciado como testigo D. Demetrio Nosca Alvarez de Toledo y D. José Marquez Rosales mayores de edad y vecinos de esta capital.

Leída esta acta, se sella con el del Juzgado y la firman el señor Juez, los testigos (7) ... de que certifico.

Joaquin Muñoz

Titular o titulares del libro (1)

Don José Quiñones y Barbari
nacido el día 10 de marzo de 1924
en Málaga hijo de Juan y de Vicenta
estado civil (2) soltero

Doña Mª Dolores Espejo y Sánchez
nacida el día 21 de Octubre de 1928
en Ciudadela hija de Francisco y de Mª Dolores
estado civil (2) soltera

(1) Tómense estos datos de la inscripción de matrimonio o, en su defecto, de la inscripción de nacimiento de los hijos.
(2) Y la nacionalidad, si no es la española.

— 2 —

REGISTRO CIVIL de Manacor | TOMO 30 PAG. 78 vto.

PUEBLO DE Manacor
PROVINCIA DE Baleares

Los titulares de este libro han contraído MATRIMONIO el día 16 de Diciembre de 1952

(1)

Sello y fecha: 19-2-82
Certifica(n) y firma(n) D. Mateo Izquierdo Oliver

(1) Si hubieren otorgado capitulaciones matrimoniales, se indicará la fecha de la escritura, lugar del otorgamiento y nombre del Notario autorizante. Otras observaciones.

— 3 —

1 Hijo

Nombre Juan
Apellidos Quiñones y Espejo
hijo de José y de Mª Dolores
Nació el día 13 de Enero de 1954
en Manacor Baleares (provincia)
Registro Civil de Manacor { Tomo 70 Pág. 76
Observaciones
Sello y fecha: 19-2-82
Certifica(n) y firma(n) Mateo Izquierdo

Falleció (1) el día 21 de Febrero de 1954 en Manacor Baleares (provincia)
Registro Civil de Manacor { Tomo 49 Pág. 61 vto.
Observaciones
Sello y fecha: 19-2-82
Certifica(n) y firma(n) D. Mateo Izquierdo

(1) Falleció, se casó o cualquier otro hecho que afecte al hijo y suponga extinción de la patria potestad.

— 4 —

2 Hijo

Nombre Juan Esteban
Apellidos Quiñones y Espejo
hijo de José y de Mª Dolores
Nació el día 26 de Diciembre de 1954
en Palma Baleares (provincia)
Registro Civil de Palma { Tomo 151 Pág. 265 vto.
Observaciones
Sello y fecha: 19-2-82
Certifica(n) y firma(n) D. Mateo Izquierdo Oliver

(1) el día ... de ...
de ... en ... (provincia)
Registro Civil de ... { Tomo ... Pág. ...
Observaciones
Sello y fecha:
Certifica(n) y firma(n) D.

(1) Falleció, se casó o cualquier otro hecho que afecte al hijo y suponga extinción de la patria potestad.

— 5 —

3 **Hijo**

Nombre Francisca

Apellidos Quiñones y Espejo

hijo de José y de Mª Dolores

Nació el día 10 de agosto de 1.956

en Manacor Baleares (provincia)

Registro Civil de Manacor { *Tomo* 71 *Pág.* 11

Observaciones ...

Sello y fecha: 19-2-82

Certifica(n) y firma(n) D. Mateo Mesquida

...... (1) *el día* ...... *de* ......

de ...... *en* ...... (provincia)

Registro Civil de ...... { *Tomo* ...... *Pág.* ......

Observaciones ......

Sello y fecha:

Certifica(n) y firma(n) D. ......

(1) Falleció, se casó o cualquier otro hecho que afecte al hijo y suponga extinción de la patria potestad.

— 6 —

4 **Hijo**

Nombre Vicente

Apellidos Quiñones y Espejo

hijo de José y de Mª Dolores

Nació el día 21 de Abril de 1.959

en Manacor Baleares (provincia)

Registro Civil de Manacor { *Tomo* 73 *Pág.* 155

Observaciones ...

Sello y fecha: 19-2-82

Certifica(n) y firma(n) D. Mateo Mesquida

Falleció (1) *el día* 20 *de* marzo

de 1960 *en* Manacor Baleares (provincia)

Registro Civil de Manacor { *Tomo* 50 *Pág.* 267

Observaciones ......

Sello y fecha: 19-2-82

Certifica(n) y firma(n) D. Mateo Mesquida

(1) Falleció, se casó o cualquier otro hecho que afecte al hijo y suponga extinción de la patria potestad.

— 7 —

5 **Hijo**

Nombre Vicenta María

Apellidos Quiñones y Espejo

hijo de José y de Dolores

Nació el día 13 de Enero de 1.961

en Palma Baleares (provincia)

Registro Civil de Palma { *Tomo* 179 *Pág.* 224

Observaciones ......

Sello y fecha: 19-2-82

Certifica(n) y firma(n) D. Mateo Mesquida

...... (1) *el día* ...... *de* ......

de ...... *en* ...... (provincia)

Registro Civil de ...... { *Tomo* ...... *Pág.* ......

Observaciones ......

Sello y fecha:

Certifica(n) y firma(n) D. ......

(1) Falleció, se casó o cualquier otro hecho que afecte al hijo y suponga extinción de la patria potestad.

— 8 —

6 **Hijo**

Nombre María Dolores

Apellidos Quiñones y Espejo

hijo de José y de Mª Dolores

Nació el día 31 de julio de 1963

en Manacor Baleares (provincia)

Registro Civil de Manacor { *Tomo* 79 *Pág.* 62

Observaciones ......

Sello y fecha: 19-2-82

Certifica(n) y firma(n) D. Mateo Mesquida

...... (1) *el día* ...... *de* ......

de ...... *en* ...... (provincia)

Registro Civil de ...... { *Tomo* ...... *Pág.* ......

Observaciones ......

Sello y fecha:

Certifica(n) y firma(n) D. ......

(1) Falleció, se casó o cualquier otro hecho que afecte al hijo y suponga extinción de la patria potestad.

— 9 —

7 Hijo

Nombre: Josefa

Apellidos: [illegible] y Espejo

hijo de: José y de: Mª Dolores

Nació el día 27 de marzo de 1.967

en Manacor Baleares (provincia)

Registro Civil de Manacor { Tomo 84 / Pág. 312

Observaciones ....

Sello y fecha: 19-2-82

Certifica(n) y firma(n) D. Mateo Marqués

Falleció (1) el día 1 de Enero de 1.968 en Manacor Baleares (provincia)

Registro Civil de Manacor { Tomo 53 / Pág. 157

Observaciones ....

Sello y fecha: 19-2-82

Certifica(n) y firma(n) D. Mateo Marqués

(1) Falleció, se casó o cualquier otro hecho que afecte al hijo y suponga extinción de la patria potestad.

8 Hijo

Nombre: José

Apellidos: [illegible] y Espejo

hijo de: José y de: Mª Dolores

Nació el día 20 de Agosto de 1.970

en Manacor Baleares (provincia)

Registro Civil de Manacor { Tomo 89 / Pág. 274

Observaciones ....

Sello y fecha: 19-2-82

Certifica(n) y firma(n) D. Mateo Marqués

.... (1) el día .... de ....

de .... en .... (provincia)

Registro Civil de .... { Tomo .... / Pág. ....

Observaciones ....

Sello y fecha:

Certifica(n) y firma(n) D. ....

(1) Falleció, se casó o cualquier otro hecho que afecte al hijo y suponga extinción de la patria potestad.

9 Hijo

Nombre: Fermín

Apellidos: [illegible] y Espejo

hijo de: José y de: Mª Dolores

Nació el día 26 de junio de 1.973

en Manacor Baleares (provincia)

Registro Civil de Manacor { Tomo 93 / Pág. 346

Observaciones ....

Sello y fecha: 19-2-82

Certifica(n) y firma(n) D. Mateo Marqués

.... (1) el día .... de ....

de .... en .... (provincia)

Registro Civil de .... { Tomo .... / Pág. ....

Observaciones ....

Sello y fecha:

Certifica(n) y firma(n) D. ....

(1) Falleció, se casó o cualquier otro hecho que afecte al hijo y suponga extinción de la patria potestad.

10 Hijo

Nombre ....

Apellidos ....

hijo de .... y de ....

Nació el día .... de .... de ....

en .... (provincia)

Registro Civil de .... { Tomo .... / Pág. ....

Observaciones ....

Sello y fecha:

Certifica(n) y firma(n) D. ....

.... (1) el día .... de ....

de .... en .... (provincia)

Registro Civil de .... { Tomo .... / Pág. ....

Observaciones ....

Sello y fecha:

Certifica(n) y firma(n) D. ....

(1) Falleció, se casó o cualquier otro hecho que afecte al hijo y suponga extinción de la patria potestad.

El Ministro de la Presidencia, Relaciones con las Cortes y Memoria Democrática

Habiendo quedado acreditado que Dña. VICENTA PACHÓN GÁMEZ padeció persecución por razones políticas e ideológicas durante la Guerra de España (1936-1939). Natural de Fuente de Piedra (Málaga), de profesión maestra y afiliada al Partido Socialista Obrero Español (PSOE), ejerció como presidenta de la agrupación femenina de su localidad natal. Detenida y recluida en la Prisión Provincial de Málaga y procesada mediante procedimiento sumarísimo de urgencia con número 65 por el Juzgado número 16 con plaza en Antequera (Málaga), siendo condenada a la pena de muerte por el supuesto delito de auxilio a la rebelión militar. Fue ejecutada el 29 de octubre de 1937 en las tapias del cementerio de San Rafael en Málaga.

VISTO que Dña. VICENTA PACHÓN GÁMEZ tiene derecho al reconocimiento y a obtener la reparación moral y la recuperación de su memoria personal, familiar y colectiva, habida cuenta de que en virtud de lo dispuesto en el artículo 5 de la Ley 20/2022, de 19 de octubre, de Memoria Democrática:

Se declara ilegal e ilegítimo el tribunal que juzgó a Dña. VICENTA PACHÓN GÁMEZ, así como los jurados y cualesquiera otros órganos penales o administrativos que, a partir del Golpe de Estado de 1936, se hubieran constituido para imponerle, por motivos políticos, ideológicos, de conciencia o creencia religiosa, condenas o sanciones de carácter personal, así como la ilegitimidad y nulidad de sus resoluciones.

Se declara igualmente, ilegítima y nula la condena, sanción o resolución, dictadas contra Dña. VICENTA PACHÓN GÁMEZ tanto judicial, como administrativa producidas por razones políticas, ideológicas, de conciencia o creencia religiosa durante la Guerra de España o durante la dictadura posterior.

EXPIDE en su favor la presente DECLARACIÓN DE RECONOCIMIENTO Y REPARACIÓN PERSONAL, en virtud de lo dispuesto en el apartado 1 del artículo 6 de la citada Ley.

En Madrid, a 4 de octubre de 2023

Félix Bolaños García